現場を歩く
現場を綴る

日本・コリア・キリスト教

飛田 雄一

かんよう出版

はじめに

本書は、『現場を歩く、現場を綴る』という書名にした。古いものは一九七八年に書いたものから、最近のものまで含まれている。一九七八年というのは私が神戸大学大学院農学研究科の修士課程を修了して、神戸学生青年センターに働き始めたときである。当時主事として就職し、一九九一年からは館長として働いている。

「キリスト教」がサブタイトルについているが、本書はキリスト教に関連する、あるいは関連しそうなものを中心に収録している。本文に書いているが、私は祖父・鈴木浩二牧師（日本基督《キリスト》教団神戸教会）から幼児洗礼を受け、中学時代に器械体操部の先輩の通っていた日本基督教団神戸多聞教会で信仰告白をしたクリスチャンである。在日コリアンの人権集会で故・李仁夏牧師にあるとき、「きみはクリスチャンなんだね」と言われたことがある。私自身は不熱心なクリスチャンで「はい、そうです」と胸を張って返事できなかったが、ぼそぼそと、はいと返事したことを思い出す。それ以前に私は市民活動家として（?・）日立裁判集会などで何度も李先生にお会いしていたのである。その私がクリスチャンであることを人から聞いて、そのように言われたのだと思うが、私にクリスチャンの雰囲気がなかったことが原因だったのだろう。

また本書は、「現場」がテーマになっている。私は基本的には現場主義だ。勉強があまり好きでないということもあるが、現場で動きながら考えるという方法が似合っていると思う。よく言えば柔軟ということになるが、「なんとかなるだろう主義」のようなものを持ち合わせているようだ。ある現場が次の現場に導いてくれることもある。学生センターは出会いの場であるが、「人と人」「人とテーマ」「テーマとテーマ」が出会うところでもあると思う。特に一九九五年の阪神淡路大震災のときには、ほんとうに多くの出会いがあったと考えている。

本書は、六章に分けて関連するテーマで収録しているが、内容はほぼ原文の通りである。読み返してみると恥ずかしい文章もあるが、時代の雰囲気も大切ではないかと思い、誤字脱字の訂正以外はそのままにしている。それぞれの文章は、新聞、雑誌等に読み切りの形で発表したものなので、逆にどこから読んでいただいてもいいことになる。とりあえず「韓国を歩く」あたりから読み始めて下さればと思う。また読み切りゆえに、重複する内容も多いがお許し願いたい。各章では基本的に発表順に掲載している。

私自身は在日コリアンの問題に長い間関わってきたが、テーマとテーマが出会うという具合で、その後、ゴドウィン裁判を契機にいわゆるニューカマー外国人の問題にも、神戸・南京をむすぶ会を通して中国問題にも興味をもつようになったのである。

頼まれたらなんでも引き受けてしまう方なので、原稿も頼まれたら書いている。そのおかげで文章が残っているので、今となっては頼まれたことに感謝している。私の記憶はあいまいなもので、例えば「むくげの会のことなど」（第一章）を読んでいて、べ平連神戸の関係で華僑青年闘争委員会に会ったのは「七・七集会」だと思っていたが、読みかえしてみると「三・一集会」だったことがわかった。当時の文章の方が正しいのだろうと思う。第四章「韓国を歩く」は、当時、楽しかったこと、びっくりしたこと、感動したことを回想ではなくて直後に書いたものである。読み直してみると、懐かしいとともに、忘れていたことを思い出させてくれる記述もある。

私の単著としては、神戸大学での修士論文等をまとめた『日帝下の朝鮮農民運動』（一九九一年、未来社）以来のものだ。実は本書以外に、『旅行作家な気分』、『在日論』、『震災と外国人—ゴドウィン裁判から阪神淡路大震災—』（いずれも仮題）を出したいと考えている。ほんまに出来るのかなとも思うが、ぜひ、本書を読まれたみなさんは、それらが出版されるように、励ましていただきたい。

二〇一六年三月一五日

飛田　雄一

現場を歩く、現場を綴る　――日本・コリア・キリスト教――

もくじ

現場を歩く、現場を綴る

——日本・コリア・キリスト教——

第一章　現場を歩く

一、日本の中のアジア―在日朝鮮人との出会いから

こんばんは。ご紹介をいただきました飛田です。「日本の中のアジア―在日朝鮮人との出会いから」というテーマでお話させていただきます。

祖父のことなど

最初に個人的なことですが、祖父のことをお話したいと思います。祖父の名前は鈴木浩二というのですが、この名前をご記憶の方はおられるのではないでしょうか。母の父で一九四一年に日本基督教団が作られたときの総務局長です。現在の役職では教団の総幹事ですね。「戦時下抵抗の記録」について勉強することがありますが、そのとき、その抵抗と一番反対の方、日本基督教団ができて富田総理と一緒に教団設立後、伊勢神宮に参拝に行ったのが鈴木浩二・私の祖父です。

それ以前は日本基督教団神戸教会の牧師をしていましたが、東京に呼ばれて総務局長となりました。組合教会、同志社関係の牧師ですけども、戦争が終わってもう一度、神戸教会に戻ってそこで牧師をしていて、私が小学校二年ぐらいの時、私が一九五〇年、昭和二五年生まれですから、一九五七、八年に亡くなりました。

その頃はもちろん祖父が戦争中どんな仕事をしていたとか全く知りませんし、私には本当にいいおじいさんでした。住む家は別でしたがすぐ近くにいましたから、そういう印象があります。

ものを買ってもらったりしたことはあまりないのですが、一度デパートに行ったとき、「好きなものをなんでも買ってあげる」と言われて、両親にもそういうこと言ってもらったことがないので、びっくりしたことがありますが、それが小学校に入った頃だったのじゃないかと思います。

鈴木浩二の次女・溢子《いつこ》が私の母で、石井幼稚園という神戸教会の付属の幼稚園がありまして、母はそこで働いていました。自宅も幼稚園の中にあり私はそこで生まれ育ったのです。幼稚園は神戸教会の伝道所も兼ねていて、祈祷会や聖書研究会を開いたりしていました。そういうクリスチャンホームで育ったのですが、大体三代目はダメだといわれますけれど（笑）、三代目の私はまじめなクリスチャンをしていないのです。先日、この北白川教会で開かれた飯沼二郎先生の追悼集会に来た時、竹中正夫先生も来られていましたが、子どもの頃私の家では、同志社大学の若い神学生や神戸教会の伝道師が石井伝道所に説教などに来られたら、それは「すき焼きの日」だったです。私の子どもの頃、すき焼きなんかは大変なご馳走ですけど、聖書研究会などが終わってから食べた記憶があります。ですから歴代の同志社大学神学部の卒業生で竹中先生は私が小さすぎて記憶がないのですが、先生は私の赤ちゃん時代を覚えておられるようですが、そのあとの笠原芳光先生、田口重彦先生らが「すき焼き先生」でした。鈴木浩二牧師が若い伝道師にご馳走させるようにしていたのだと思います。

原爆被害者・孫振斗さんの裁判

最初に大学時代にかかわった孫振斗《ソンチンドゥ》さんのことをお話したいと思います。

孫振斗さんは、広島で被爆をして一九五一年に、外国人登録をしていなかったという理由で韓国釜山に強制送還されます。今から考えたら、一九五二年四月二八日のサンフランシスコ講和条約発効まで在日朝鮮人は日本国籍を持つとされていた時代ですから、おかしな話ですけども、外国人登録をしていないという理由で韓国に送られたのです。それでも体の具合が悪いということで、一九七〇年一二月に佐賀県唐津に密入国してきたのです。普通のケースでは捕まってそのまま強制送還されるのですけども、彼のことは新聞に報道されたのです。「私は単なる密入国者ではない、原爆症の治療しにきたのだ」と発言したことが大きな記事となったのです。広島、東京で支援の会ができて、私も関西の支援グループで活動しました。戦後補償の裁判が注目を集めるのは九〇年代ですけども、七〇年代にそういう裁判があったのです。それも現在は敗訴判決が多いですが孫振斗さんは一九七八年に最高裁でも勝利しました。現在は運動の成果で韓国にいる韓国人も原爆手帳をもらえますし、それこそ短期間で治療に来てもＯＫですが、当時は全くできませんでした。孫さんに原爆手帳を出していいものかどうかというのが裁判で重大テーマでした。今は在韓被爆者のそんな問題はもう解決しましたから、その一番先駆者といえるのですね。

原爆手帳受給の要件は親族以外に二人の証人が必要ということで、法律そのものには在留資格等のことは書いてないのです。当時はそれほど大きな運動ではなかったのですけども、最初は被爆問題に取り組んでいる人が中心になって、その後は在日朝鮮人問題に取り組んでいる人も加わって裁判を支援して、最高裁でも勝利することができたのです。

「申京煥強制送還事件」

私は学生時代にもうひとつ申京煥《シンキョンファン》さんの強制送還事件にもかかわりました。

川端諭先生をご存知の方もおられると思いますが、滋賀の堅田教会でも牧会されていました。申京煥事件は、川端先生が兵庫県宝塚の福井教会の牧師をしているときにすぐ近くの人から持ち込まれた事件なのです。宝塚福井教会の近くには「ヨンコバ」という在日朝鮮人の四〇戸ぐらいの集落で、ほとんどが慶尚道義城郡出身の人々が住んでいる地域です。申京煥さんはそこの青年です。

武庫川の改修工事は一九二〇年代、大正の終わりから昭和の初めにかけて行われましたが、そのための飯場が、海から順番に四つできたそうですね。第一が尼崎守部のあたりにできて、第二が報徳学園あたり、第三が宝塚の高松にできてあと四番目にできた工事現場が「ヨンコバ」だったのです。昔の地名は「荒地」、いまの伊孑志《いそし》の一部です。

ヨンコバには武庫川の改修工事のころ朝鮮人の飯場頭がいました。工事が終わったら日本人は出て行って、そこにいた朝鮮人が残り、その朝鮮人が朝鮮人を呼び寄せたものだから朝鮮人だけの集落ができた。そういうところがヨンコバですけども、そこで生まれ育った申京煥さんが高校を卒業して、強盗グループに入って懲役八年の刑を受けました。刑務所では模範囚として過ごし六年半で出所しましたが、そこから大村収容所に入れられて、二ヶ月ぐらいたってから、一二月の強制送還船に乗るという発表までされて、家族が本当にえらいことやということで、そのヨンコバに住む教会関係者のＭさんが川端先生に相談にいったのです。一九七三年のことです。そして教会を中心として「申京煥君を支える会」ができたのです。私は、どういうわけか事務局長になりました。

今だったらこういう「申京煥強制送還事件」は起こらないですね。申京煥さんは、一五人ぐらいのグループで静岡から兵庫までかなり広い範囲で強盗事件を起こしています。日本人が四、五人で他は朝鮮人です。立証はできませんけど私が一五人の判決の一覧表を見たら朝鮮人の方が重いように思いました。一八歳の申京煥青年が懲役八年というのはものすごく重いですよ。その後は新聞記事でいろんな事件を見ながら懲役の刑をカウントしましたが、そこまではなかなか行きません。彼の場合は、強盗に入ったということと彼は覆面をして見張り役をしていたのですけど、押し入った家でトラブルがあってお嬢さんが血を出したんでちょっと声をかけてハンカチを渡したとかで、声を被害者が覚えていたので彼の特定ができたということです。強盗プラス致傷、「強盗致傷罪」というのですが、それが重い刑で懲役八年の刑でした。

入管法では、外国人というのは日本に生まれ育った者でも一年以上の懲役を受けると強制送還されることになっているのです。一九六五年に日韓条約締結による日韓法的地位協定による永住資格を取得した韓国人は、一年以上が緩和されて懲役七年を超えると強制送還されるということが決まったのです。

そういうことが決まった時に懲役八年の青年が現れたのです。彼が強制送還されたら、これから、協定永住の人で懲役七年以上の刑を受けた人が送還されることになるということで大問題になったのです。

申京煥さんは一九四八年生まれ、私より二つ年上です。高校を卒業したのが一九六八年。今以上に朝鮮人差別がきつかった時代です。彼は、有馬高校を出ているのですけども、当時の先生に聞きましたら卒業した四〇人のクラスで三月に就職が決まっていなかったのは彼だけだったとのことです。それでおじさんが経営している土建業に入って、先ほどの強盗仲間に入って、強盗をしたのです。

現在では、懲役八年であろうが一〇年であろうが、なかなか強制送還できないのです。一般的な常識としては、そこに生まれ育った人は生まれた瞬間に悪人はいませんから、一八の時に犯罪を犯したとしたら一八年間暮らした地域の問題ということになるでしょう。申京煥さんは韓国語もできないし、韓国に一回も行ったことがないのに、強制送還するということは今は基本的にはできないんですね。

申京煥裁判は、結局いろんなことがあったのですけど、裁判そのもので勝つことはほんとうに困難なことでした。最終的には、さまざまな交渉をしていい状況を作っておいて裁判を取り下げ、一方で在留資格を取得するという、そういうことをしたんですね。取り下げが先か在留資格が先かとかいうことで、空白の三ヶ月があってかなり緊張しましたが特別在留許可を取得できました。

インドシナ難民と在日朝鮮人

私は一九七八年にだいぶ時間がかかりましたが大学を卒業して神戸学生青年センターに就職しました。一九七〇年代の後半というのは在日朝鮮人をめぐっていろんな運動があった時期です。たとえば、今からは考えられませんけども、公団住宅に朝鮮人が入れない、国民年金もダメだ、という時代です。朴鐘碩《パクチョンソク》さんが日立就職差別裁判に勝利しましたが、その後あたりを見回してみたらなぜ韓国人が公団住宅に入れないのかというようなことが問題になるわけですね。

国民年金もいまは在日外国人も加入できますが、例えば七〇年代後半には、Ｐさんが市の人に進められて国民年金に加入したのにいざ支給のときに、加入自体がまちがいでしたとして支払いを拒否されたことが裁判になりました。日本政府の方は、誤適用、間違って適用したのだと言いました。だから払ったお金はそのままそっくり返しますから、なかったことにしてくださいということです。我々の方は、誤適用ではない、本来は入れるべくして入ったのだから、支給すべきであると主張しましたが最後には負けてしまいました。

このような外国人排除を改めさせた一大転機が一九八二年にやってきます。我々の間で在日朝鮮人の権利が獲得されたのは「黒船」、ベトナム難民のお陰だという話がよくでてきます。ベトナムが解放されてベトナム難民が出現したとき日本は、船で難民を救出したら一応日本まで連れてきますが、ほとんどカナダやアメリカに送っていたのです。日本には入れませんでした。そんなことは先進国の責任として許されませんから当時先進国サミットでいろいろ追及されて、日本政府も難民を受け入れることになりました。一九八一年に難民条約を批准して八二年一月一日に日本国内で発効し日本の法律のなかで外国人を差別する法律は一斉に改正されることになります。

先ほどPさんの国民年金の裁判までして負けたのに、急に法律が変わったのです。そのときはすでに公営住宅は一部入れるようになっていましたけども。それから国民健康保険もまあまあクリアされていましたけども、国民年金法などの在日外国人を差別する法律は一挙にクリアされたのです。日本政府は、真摯に差別を反省して法律を変えるようなことはもうないので、黒船しかないのかという話をよくしたものです。

難民条約にはそれなりの歴史があります。ヒトラーの時代にも難民がいました。ドイツ人だけどヒトラーに反対する人がいましたが、ドイツから外に逃げようとしたらパスポートをもらえないけれども逃げるのですね。その人々を第三国は自国民と同じように社会保障で差別することなく救うのだというのが難民条約の精神なのです。

外国人、難民である外国人を何ら差別してはいけないという精神ですね。ですからベトナム難民も日本政府が難民として認定すれば、難民パスポートを発行するのですよ。パスポートは国外旅行には欠かせないものですよね。

パスポートの話ですが、パスポートには何が書いてあるのでしょうか。パスポートを持っている人間をなぜ外国は受け入れてくれるのかというとパスポートには、自国民ですからよろしくお願いします、と書いてあるのです。その意味は、強制送還してもらっても引き受けますということらしいですね。パスポートを持っている人間が入ってきて、その人がなにか起こしたら、麻薬でも持って入って来たならば送り返したら終わりだということです。そういうことらしいです。

話が横道にそれますが、日本国籍をもっている人間の一番の強みは、なんだとお考えですか。どんなことがあっても、刑務所に入れられることはあっても、国外追放されることはないということです、逆に中京煥さんのように外国人は、何かあったときは追放される可能性がある。そういうことですね。パスポートの話はよくするのですけど、こういう面があると思います。

ちょっとそれましたが、ベトナム難民にあなた国民健康保険ダメですともいえない、国民年金入れませんともいえなくなったわけです。

もう一つは法律に国籍条項をおいて外国人を排除していたのは、児童手当法です。今はだいぶ違いますけども当時三人目の子どもから月四〇〇〇円か六〇〇〇円渡すという児童手当も、日本人に限っていたのです。そういう法律も改正されました。日本国内にある外国人を排除する法律が一挙になくなったのが一九八二年一月一日です。記念すべき日です。

私は覚えていますが、その正月の新聞には外国人差別がなくなる元年みたいな、かなり大きなトップ記事があったことを覚えています。そういう黒船だから仕方がないと思いながらも、歓迎すべきことだなーと考えた記憶があります。

八二年法改正の積み残した問題

この八二年問題についても若干補足しておかなければなりません。完全な解決にならなかった二つの問題を積み残したのです。それが今も裁判で争われています。

京都で在日朝鮮人障害者が裁判をしていますね。地裁で負けてしまいましたけども、京都で原告団長をされているのは耳が聞こえない方ですが、障害年金の支給を求めて裁判をしています。

八二年以降国民年金は入れるようになったのに、なぜ今頃裁判をしているのかということですね。このことにもまだ解説がいるのですが、国民年金というのは老齢年金だけではないのです。僕らは老齢年金だけを考えますが、国民年金というのは、二〇歳を過ぎて二五年間お金を払いつづけたら、六五歳からお金をもらえる。これが老齢年金ですが、もう一つ傷害年金の問題があるのです。

二〇歳になり国民年金に入る、その後障害者になる。そしたら六五歳に関係なく、傷害年金をもらえるのです。それは大事なことです。ところが二〇歳以前に障害者の人も当然たくさんいるのですね。二〇歳以前からの障害者の人はどうするかといったら、二〇歳の誕生日の時に障害認定をすることになっているのです。それで障害者だと認定されれば二〇歳の誕生日からずっと傷害年金が出るのです。なぜ彼がいま裁判しているのかというと、法律改正したときに入れなかったからです。一九八二年一月一日に二〇歳を過ぎていた障害者は、障害認定を受けなかったということになったのです。それはもうひどい話ですね。それが今日まで放置されていますから困るのですよね。傷害年金がないというのは本当に大変なことです。

八二年の正月にそうことを救済しなかったので当時二〇歳を越えていた外国人障害者も困りました。それからもう一つ老齢年金に関してもおかしなことがありました。この問題も未解決です。老齢年金というのは二〇歳を過ぎた人が六〇歳までに二五年間以上掛金を支払った人に支払われることになっているのです。ですから単純計算したらこの時に例えば五〇歳の人はあほらしくて入らないのです。残り一〇年間払っても老齢年金を貰われないことになるのです。正式に計算すると三五歳以上の人は、もう止めたという話です。三五歳を越えている人は、今頃から払っても二五年にならないからもう入らないと言う事になるわけですよね。

この点は法改正がなされて最後は一〇年払ったら、二五分の一〇だけどもそれだけ渡すという小手先の法改正をしていますけども、いずれにしてもそういう移行手続を取らなかったから本来朝鮮人の一世の年寄りは我々の視点から言ったら、私はのしを付けてでも渡したいというか、プラスアルファでも渡したいような苦労をして来られた人ですけども、そういう人はもう全く支給対象になっていない。ですから、老齢年金も傷害年金もそういう問題を残しているのです。

在日朝鮮人と障害年金

関連する問題ですが、日本人の大学生で年金に未加入のときに障害者になって困ったという人の裁判があるのをご存知でしょうか。それは二〇歳になった大学生は、一応原則的には国民皆年金となっていますから加入しなければならないのですが、加入し忘れている人がいるのですね。ところがその未加入の学生時代に交通事故かなんかで重傷を負って障害者になるのですね。そうすると傷害年金をもらえないのです。国民年金に加入したあと障害者になったら障害年金がもらえるということです。ですから二〇歳で入り忘れていて、二一歳で障害者になった日本人の大学生はもらえません。おかしいじゃないか、周知徹底してなかったからではないかということで裁判を起こしているのです。

八二年の法改正の前、車椅子の障害者と一緒に神戸学生青年センターで在日外国人障害者の差別撤廃を求める全国的なネットワーク結成のための集会をしたことがあります。その集会の何日か後に厚生省に僕も一緒にいったのです。その時厚生省の役人が、そういう日本人の大学生もいるので、あなた方韓国人の場合も同じようなものですからダメですよ、と言ったのです。そうすると当然韓国人の障害者は怒り出しますね。ミスで入らなかった人と入ろうとしても入れなかった我々とを同列に考えるとは何事か、けしからん、こうなったのです。当たり前ですね。厚生省の役人がそう言ったことを私は今も鮮明に覚えています。

「沖縄返還」と国民年金

　この八二年の法改正で積み残した問題についてもう一つだけ、こういう法改正はおかしいということがあります。ここに結構高齢の方もいらっしゃいますけど、お金を払ったことがないけども老齢年金をもらっている日本人がいるのですが、別に不正でもなんでもなくてそれは権利なのです。少なくとも一九五四年の国民年金法が出来た時に、すでに老齢の方はおられる訳ですね。あなた方は掛金を払っていませんから年金はあげませんというようなことは言わなかったのです。特別老齢年金を払いますということで払ったのです。そして例えば五〇歳の人は、あなたはあと一〇年しか払えませんからダメですとは言わずに七、八年間払ったら、二五年間払ったことにしますから、ということで年金を払うのですね。同じように二〇年だったら、一〇何年でいいですとかいうことにしたのです。新しく法律を作ったときはそのような人を切り捨てずにやるわけです。小笠原返還の時もそうですし、沖縄返還の時もそうです。沖縄で国民年金に入れなかった沖縄が日本になった、その時に沖縄にいる人にあなた方は今まで入っていませんでしたから知りません、もう五〇歳ですから知りません、ということは言ってないのですね。国民年金法ができた時と同じように救済しました。我々は外国人に関してもこうすべきだということで、八二年前後に運動をしたのですけどもダメでした。それがダメだったので今その老齢年金の方も傷害年金の方も裁判しているんです。

「指紋押捺はバーコード」

一九八五年を中心とした外国人登録法の指紋押捺に反対する運動についてはつい二〇年前ですから、ここにいらっしゃる方はまだ記憶にあると思います。指紋制度は今はもうなくなってしまったのですけど、『釜山港に帰れない』という在日論の本を書いた梁泰昊《ヤンテホ》という私の友人がいましたが、彼は、「指紋はバーコードだ」と言いました。そういうエッセーを中京煥裁判もメンバーだったのでそのニュースに書きました。とても面白いエッセーです。

指紋がなぜ大事であるかというのは、指紋が人間の指にあって切り離すことができないから大事なのです。私の指紋は私からはずすことはできないのですよ。犯罪捜査に利用されますが、現場に残された指紋と私の指にある指紋が一致したら完全に「同一人」となるのです。実は私も学生時代にベ平連のデモで逮捕されていますから私の指紋は警察に保管されていますが、警察に私の個人情報が指紋とともに保管されています。例えば飛田のダンボール箱に指紋のコピーが貼っているのです。中に私の情報が入っています。そして私の手には同じ指紋があるので、その箱にある情報と私の情報が同じものである、すなわち「同一人性の確認」がなされるわけです。それが指紋の価値なのですね。指紋がバーコードであるというのは、箱にそのバーコードを貼って、私にバーコードの入墨をしたようなもので、必ず何桁かの番号で認識して、本人と情報が一致するのです。

結局外国人登録法の指紋押捺制度はなくなりましたが、当時法務省の役人は、指紋制度は必要だ、登録更新のとき五年前の写真と五年後の写真が同じかどうかは断定できない、指紋がないと五年前の金さんと五年後の金さんは分からないから、指紋制度は絶対いるのだ、と言い続けていたのです。

『外国人登録』という法務省関係の雑誌には、もし外国人から一六歳の時に一回だけ指紋を取るとしたらそれはもう外国人に対する嫌がらせでしかない、更新の度に取って同一人を確認することが指紋制度の意味なんだ、一回だけ指紋を取るということはありえない、もしそうすればそれは外国人に対する嫌がらせ以外のなにものでもない、という文章もあるのです。ですが、その後一六歳のときの一回だけになったのです。八五年に大規模な指紋押捺反対闘争があって一回だけになったんですよ。

その時私は思わず新聞に投稿しましたね。そして採用されました。指紋を警察は取りたいのです。警察は一回でもいいから指紋を取りたいというのは分かるけど、法務省が一回だけ指紋を取るというようなことは、外国人に対する嫌がらせ以外の何物でもないと言っている法務省が、一回だけでいいと言ってよいのか、というちょっといやみったらしい投稿を書きました。

最終的に外国人登録の指紋制度はなくなりましたが、一般的に民衆が抵抗して悪法を変えたというのは後にも先にも日本近代史でこれだけだと言われています。恐らくそうでしょう。日本人も色々とがんばっていますけど、後にも先にも運動の成果で悪い制度がなくなったのはこれだけではないかといわれているのです。

パスポートと運転免許証

もう一つこれは面白いことですが、日本という国は、「同一人性確認」が難しい国なのです。私が飛田雄一であるということを確認するのは結構むつかしいのですよ。ちょうど指紋押捺が話題になっていた時に、ユニバーシアード神戸大会がありました。テロを防止するために、それぞれのボランティアに同一人性の確認を求めたのです。ボランティアがまさに例えば山田花子さんであるということを確認したい、でないと何が起こるか分からないということでした。ボランティアがみんな運転免許証をもっていたら問題はなかったでしょうね。しかし持っていない人も当然います。でも保険証なんかは証明書としてはダメでしょう。写真もありませんし、あまり同一人性確認に価値はないのですよね。そこでユニバーシアード実行委員会は困ったのです。

どうしたらいいか。住民票も戸籍謄本も本人の確認にはならないでしょう。それで、ユニバーシアード実行委員会は困ったあげく何を要求したと思いますか？　正解はパスポートです。すべてのボランティアにパスポートを要求したのです。ご褒美に外国旅行に行かせてくれるわけでもないのですが、パスポートを要求したのです。それでやっと同一人性確認をしたのです。このように日本社会において同一人性確認は大変なことなのです。

戦後、日本人全体の指紋押捺制度を作ろうとした時期もあるのですけれども、それは具合が悪いということで外国人だけ作ったのです。同一人性確認を強いるとプライバシーを侵害するのです。ですから日本社会でもそれをしようとしたら無理があるのです。だから戦後外国人だけ同一人性確認ができていたのです。

スリランカ人留学生の裁判

九〇年代の話に移りたいと思います。

ちょっとした偶然からスリランカ人留学生の裁判にかかわることになりました。それも原告団長でした。それまで裁判の支援はしたのですけども、原告になったのはこれが初めてでした。ゴドウィンさんというスリランカ人の留学生で神戸のＹＷＣＡで日本語を学んでいた人がいました。彼がくも膜下出血で倒れました。対応がよくて命を取り留めたけれども治療費が一六〇万円かかりました。本人に払う金がなかったので生活保護で払ったのです。一応万々歳ですね。ですから本人は退院後しばらくして国に帰ったのです。

これだけでは事件にはならないのですが、この頃ちょうど一九九〇年代前半ですけど、外国人労働者が増えだした時期なのです。そしたら日本政府は、外国人労働者に関することにぴりぴりして（?）、外国人が治療目的で日本にきたら困るとか、宣教師とか大学の先生と留学生はお金持ちが日本に来るのだから、そもそも生活保護なんかに関係ない、そういう人々に生活保護を適用して医療費を払うのはおかしいと言い始めたのです。それでゴドウィンさんの一六〇万円のお金は、厳密に言うと一二〇万円は国が払って、四〇万円は神戸市が支払うのですけど、国は一二〇万円の支払いを拒否したのです。

我々、それまで外国人労働者を支援していたグループはどうしていたかというと、外国人が病気になったとき最後の頼みの生活保護でやっていたのです。それまではオーバーステイであろうがなんであろうが、緊急入院をしたとき何百万円かかろうが生活保護の治療費でお金を支払っていたのです。ですから生活保護というのは最後の砦ですよ。万策尽きて最後にどうしようもない時にはそこの地域に住んでいる人間に対して、社会福祉事務所が生活保護を適用して生存権を保障しているのです。ですから治療費も払うのです。

ゴドウィンさんのことは、神戸市が生活保護で医療費を支給したと毎日新聞に大きく美談として報道されました。私たちの立場からすると別に美談ではなくて当然のことなのですが、この新聞記事がよくなかったようです。厚生省は神戸市を呼びつけて、この一二〇万円分はダメですよ、と言ったのです。これは外国人支援をしているグループには大事件で、後は裁判するしかなかったのです。

神戸市民が原告になれる住民訴訟です。私もたいした額ではありませんが神戸の市民税を払っているのです。そこで本来厚生省が払うべき一二〇万円に、神戸の市民税が投入されている、これは神戸の市民としてけしからん、ということで住民訴訟ができるのです。

裁判で我々はいろんなことを主張をしました。例えば当時大阪府立大学の庄谷玲子先生という生活保護の専門家は、生活保護というのは、最後の砦である、この生活保護が国籍要件だとか在留資格要件とかを問題にして排除すると生活保護の根本を揺るがす、と説得的な意見書を書いてくださいました。急に重大な障害を負って言葉もしゃべれなくなってどこの誰かも分らなくなった人がいたとしたら、生活保護で救済するのです。その時にビザ確認などをして排除するとしたら、本来理論的にはおかしいのです。

でも国の方は、いやお金を持って日本で勉強する留学生は生活保護の対象じゃないんだ、というのです。一九五四年の外国人の生活保護に関する唯一の通達があるのですが、それを見たらオーバーステイの人でも生活保護を適用してもいいと書いてあるのです。大村収容所から一時出た仮放免の人でもいいと書いてある。ですから最初にお話した孫振斗さんは、密入国して来てその後仮放免になりましたが生活保護を受けていたのです。ところが九〇年頃になって留学生はダメだ、永住定住の外国人だけに適用するのだと言い出したのです。このゴドウィン裁判は最高裁まで行きましたが、本格的な論議ができないまま門前払いで負けてしまいました。

ですから今、本当に困っているのです。低額医療、俗にいう昔の貧民医療制度があって一定程度お金のない人に治療することになっている病院にお願いしたり、明治時代にできた法律で行路病人法と言って「行き倒れ」の人を治療費やあるいは葬祭費を出す制度があるのですが、それを使ったりするなどしてしのいでいる状況です。ですから日本というのはお金のある国ですが、在日外国人のうちの永住定住以外の外国人は命の保証がない、なんらかの保険に加入していない外国人は本当に危ない状況におかれているということになります。ゆゆしき時代だと考えています。

阪神淡路大震災と外国人

今年（二〇〇五年）は阪神淡路大震災から一〇年目の年ですが、地震の時の外国人問題について最後にお話したいと思います。このときは日本人も外国人も、お互いに助け合いの精神を発揮しました。とてもよかったと思っています。でもいくつかの看過できない問題もありました。

クラッシュ症候群をご存知でしょうか。神戸の人は結構知っているのですが、漢字では「挫滅《ざめつ》症候群」と書きます。瓦礫《がれき》に一時間か二時間埋まったら防衛本能で筋肉が毒素を出すそうです。その毒素が腎臓に回って、一定の時間までにスタートできなかったら死ぬのです。人工透析をしたら助かるのです。日本人でそれで亡くなったり助かったりした人もいますが、もちろん外国人にもそのような人がいたのです。一週間程度人工透析すると三〜四〇〇万かかるそうです。保険に加入していない外国人でこの人工透析を受けた人がおられたのです。

先ほどのゴドウィン裁判で私たちの主張が認められていれば当然この阪神淡路大震災の時にも問題がなかったはずですが、この治療費が問題となりました。例えばある中国人は保険がないから一週間に一回、四万円の治療費を払っていましたがお金がなくなって途中で止めたのです。クラッシュ症候群で三〇〇万、四〇〇万のお金が払えずに借用書を書くなどして退院した人も問題ですが、それ以上に治療を継続できない人がいることは問題です。

このときの私たちの主張は、災害救助法で治療費が二週間無料と書いてある、行方不明者の捜索三日間を延長したように、避難所設置の一週間という期限を延長したように、治療費の二週間も延長して救済すべきであるということでした。兵庫県と粘り強い交渉をし、また支援グループ・NGO神戸外国人救援ネットが「治療費肩代わり基金」をスタートさせたことも圧力となって治療費問題は一応の解決をみました。

「災害弔慰金」と「犠牲者の遺族」

もうひとつ災害弔慰金が支払われない外国人の存在が明らかになりました。

災害救助法が適用されるような災害で亡くなった時は、世帯主で五〇〇万円それ以外では二五〇万円もらえることになっているのです。六千人を越える死亡者はそのほとんどが弔慰金をもらったんですが、もらえなかった外国人が三人いたのです。一人は韓国から新婚旅行で来た女性で、当時話題になりました。年末に韓国で結婚して地震の数日前に神戸にきて亡くなられたのです。新郎さんは神戸YMCA日本語学校の学生で、彼の下宿で彼は助かりましたが彼女は亡くなったのです。もう二人は、中国人とペルー人で、両方ともオーバーステイです。

我々は一生懸命調べましたけど弔慰金に関する法律には、国籍条項がないのです。ですから死亡者を在留資格で差別するのは許せない、渡すべき遺族が見つかれば弔意金を支払うべきだと交渉をしたのです。すると、弔慰金に関する法律の最後に、「住民の遺族」に払うと書いてあり、その「住民」が問題だというのです。住民とは誰かといったら、外国人登録している人だと言うのです。外国人登録は九〇日以上滞在する外国人に義務づけられているもので、亡くなった人が外国人登録をしていないと受け取れないと言うのです。本当にあきれました。人間の命はオーバーステイであろうと全く同じなのです。受け取ることのできる遺族が特定されれば支払わなければならないと思います。

兵庫県、神戸市、厚生省と何回も交渉しましたがダメだったのです。厚生省に行ったときに、こんなことも聞きました。雲仙普賢岳の火山爆発のときに二名の外国人学者が亡くなられたことを覚えておられるでしょうか。ひとりは東大の地震学者ともう一人は急遽調査のために観光ビザで来日したイギリスかどこかの学者です。厚生省の役人は、東大の教授ビザの方は五〇〇万円の弔慰金を受け取りましたがもう一人は受け取っていません、今回も一緒です、と得意そうにいうのです。我々がその時そういうことを知っていたら多分問題にして、それなりの問題になっていたと思うのですけども、そんなことがあったのです。日本政府はいろんな線引きをしているのです。

ゴドウィン裁判のときにお話しした生活保護に関しては、永住定住の外国人OKで、それ以外はダメだとして排除し、弔意金のことでは「三カ月の合法ビザ」で排除したのです。阪神大震災のときには日本人と外国人が助け合って生活したのですが、このようなこともあったのです。日本社会は法的には外国人の処遇が改善されてきたのですが、まだまだ厳しい状況が残っているということです。

「備えあれば憂いなし」

神戸には震災を契機にＮＧＯ神戸外国人救援ネットというのができています。全国的には「移住労働者と連帯する全国ネットワーク」というのがあり、各都道府県に一個は外国人のための相談センターを作ろうと活動しています。京都にＹＷＣＡが「ＡＰＴ（アプト）」というグループを運営しています。最近では行政の電話相談センターもありますが、やはり民間の外国人相談センターが必要なのです。大阪にはＲＩＮＫというグループが活動しています。

阪神淡路大震災を契機に兵庫にはＮＧＯ神戸外国人救援ネットが生まれ、事務所を神戸カトリック中央教会に構えて活動しています。初代の代表は鷹取カトリック教会の神田裕神父で、今は私が代表をしています。その教会は震災で全壊しましたが、昨年新しい聖堂が完成しました。その一角にＮＧＯルームを作ってくださり救援ネットもその部屋にお世話になっています。

震災の経験を時々話し合うときがあるのですが、我々の得た教訓のひとつは「震災前のことが震災の時に起こった」ということです。よく震源地に近い淡路の街ではどの家に老人がいるか、時にはどの部屋に寝ているかまで地域の人が知っていた状況で、震災時に目的意識的に「その老人」を捜索しました。そのため瓦礫に埋まって救出が遅れたために亡くなった方はいないと言われています。一方、私の住んでいる神戸市灘区辺りでは声をかけて返事のあった人を捜索するという具合でした。目的意識的には捜索できなかったと思います。返事のない老人がいても親戚がすでに連れて行ったのではないかと考えるしかなかったと思います。要するに震災以前に地域の中で老人の置かれている状況が震災時の「生存」に大きく関係したのです。震災前のことが震災時に、より露骨に現れたと言えるでしょう。

外国人の場合でも同じでした。ゴドウィン裁判のところでお話したように、震災前に命の保障がなされていない外国人がこの日本社会に存在していることが、震災時に現れたのです。小泉首相がいう意味とは違いますが、「備えあれば憂いなし」ということでしょう。在日外国人が常日頃おかれている状況が問題なわけですから、この状況を改善していく努力が私たちに絶えず求められているということだと思います。長い話になりましたが、ご静聴ありがとうございました。

(『共助』、基督教共助会、二〇〇六年三月)

二、むくげの会のことなど

私は現在、神戸学生青年センターというところで働いている。センターは、学生を中心に、合宿、研修会、結婚式などに会場を貸すことにより成り立っているが、他に独自のプログラムとしていくつかのセミナーを主催している。現在は、食品公害セミナー、近代日本とキリスト教セミナー、それに朝鮮史セミナーである。私はセンターで貸会場に関する事務仕事の他に、セミナーを企画・運営するという仕事をしている。

ここに今年（一九七八年）の四月から正式の職員として働いているが、それは以前三年間ほど学生時代に週二〜三回アルバイトしていた。

私は、一九六九年、全共闘運動の最も激しかった年に大学に入った。中学校時代から農学部にあこがれていて、そのあこがれどおり無事入学した。ところがその年は四月から九月まで全学ストライキのため自宅待機を命ぜられた。自宅待機の期間中に自動車の運転免許を取りに自動車学校へ通ったりもしたが、ずっと自宅に待機などしていられなかった。

私は高校時代から「進歩的思想」の持主で、佐世保・エンタープライズ事件でも橋から落ちる学生を見て同情していたし、六九年正月、最後の追い込みの受験勉強の横目にテレビで東大の安田講堂事件の中継を見て、「学生ガンバレ」と思っていた。でも勇気がないのか入学後すぐ全共闘運動に飛び込むということはなかった。入学後すぐマイクをもって演説する名も知らない同級生を見ては、ただただ感心していた。

そのうち自宅待機であったが、徐々にクラス討論会のために大学に行くようになった。もともと同窓会の幹事をやったりする世話ずきの私は、クラス討論会の世話もよくやるようになった。中学校時代、教会学校（日曜学校）に行っていた頃にガリ切りもやっており、慣れていたので重宝がられ、討論会の案内状やビラをよく作った。

時折開かれる学生大会や大衆団交にもほとんど出席した。大衆団交の場で初めて、まだ一回も授業を受けていない教官たちを見た。最初から大学や大学の先生にあまり期待はしていなかったものの、やはり大学の先生には失望した。

中学時代から農学部、農学部と思って農学部にやってきたが、大学へ入って半年もしないうちに「牧場をやるんだ」「養鶏場をやるんだ」というようなばく然とした思いもなくなり、どちらかと言うと自然科学より社会科学の方に興味は移っていった。

この年の七月ごろから当時神戸大学の中にあったべ平連こうべの事務所に顔を出すようになった。一〇月ごろから自宅待機も解かれ、抵抗がありながらも徐々に授業が始まったが、私は自宅待機の期間中、熱心にクラス討論会に通ったほどは授業に出席しなかった。かわりにもっぱらべ平連こうべの事務所に出入りし、毎週三宮で行なわれるデモや集会に行っていた。母に言わせれば「雄一は農学部に入らずにべ平連学部に入った」ということである。まさにそのとおりだった。

べ平連学部での成績が良すぎたためか、教養部で一年、専門課程で一年、計二年留年し、普通四年で卒業するところを六年かけて卒業した。

農学部に入ったものの農学を勉強する気もなく、かといって大学をやめる気もなかった。二年の頃から朝鮮のことばかりするようになったが、少しでも関係ある勉強ができるだろうと思い、農業経済教室に入った。卒業論文も農業政策史ということにして「土地調査事業」をテーマにした。大学院にも行き、二年のところを三年かかって修了したが、修士論文のテーマには困った。朝鮮のこと以外では書けないし、書く気もない。折よく韓国で日本の植民地下に活動した天道教系の農業協同組合、「朝鮮農民社」の雑誌が復刻されたので、それを材料に朝鮮農民社のことを書いた。直接の指導教官の山本修先生が農業協同組合の専門であったのでなんとかカッコがついた。

べ平連こうべは全国に数あるべ平連の中でも朝鮮問題をよく取り上げていた。神戸には任錫均事件や丁勲相事件があったし、一九七〇年ごろには兵庫県立神戸商業高校（県商）などで在日朝鮮人生徒を中心とする激しい糾弾闘争があった。べ平連こうべはこれらの事件を取り上げたり、影響をうけたりした。また全国的に入管法に反対する運動がもり上った時には、神戸においてもべ平連こうべが中心になって入管法反対の運動を展開した。当時私も含めたべ平連こうべのメンバーはそれなりに一生懸命入管法反対の運動をしたが、これでいいのかと思うことがあった。

入管法は一九六九年以来、度々国会に上程されるが、その都度廃案になり成立には至らなかった。運動の方もそれに対応し、入管法が上程されれば運動が盛り上り、廃案になれば停滞するというサイクルを繰りかえしていた。当時は入管法問題即在日朝鮮人問題という雰囲気であったが、入管法が上程された時には在日朝鮮人問題の重大性を考えて訴えるが、入管法が廃案になり全体的な運動が静まってくると、いつしか在日朝鮮人問題の重要性が自分の中にも薄らいでいくのである。

また三月一日の前後には、べ平連こうべが華僑青年闘争委員会（華青闘）と共同で三・一独立運動記念集会を開いたが、その打合せ会議の時に華青闘から日本人の責任を追及されて当時私は、ただただうなだれるばかりの思いをした。

このように同じことを毎年くりかえしていて良いのか、入管法が上程されると運動し、三・一集会が近づくと頭を下げるということで良いのかということが私達の仲間の間で問題となった。全体の運動の浮き沈みに左右されない、地道な在日朝鮮人問題への取り組みが必要だったのである。

一九七〇年にはべ平連こうべの有志が差別抑圧研究会を作り、そこで部落問題、在日朝鮮人問題、沖縄問題など広く差別の問題をテーマに学習会を開いていた。ほぼ一年間学習会を続けたが、年末の反省会で、広く差別の問題を取り扱っても結局どのテーマも追究することはできないということで意見が一致した。そしてどのテーマかということで話し合ったが、朝鮮問題をやろうという意見がほとんどで、来年からは朝鮮問題を学習していくことになった。名前も朝鮮の抗日運動の象徴の花・むくげを借りて「むくげの会」とした。

具体的にむくげの会で何を勉強するのかという話し合いの時、差別抑圧研究会の朝鮮問題の学習会で何回か講師に来ていただいた森川展昭さんが、「朝鮮問題をやるのに朝鮮語を勉強しないのでは話にならない」と発言した。みんな「ごもっとも」ということで森川さんを講師に朝鮮語の勉強会を開くことになった。むくげの会は、一九七一年一月からスタートするが、朝鮮史と朝鮮語を勉強する会ということになった。

むくげの会は当初一五人ぐらいで、二〇歳前後の学生が中心だった。最初のころは調子よかったが、その年の三月に卒業して働きだしたメンバーが多く、仕事の都合で参加できないことが多くなり、特に朝鮮語の方は早くも六月ごろに失速状態になってきた。生徒の数が徐々に少なくなり、ある時期二人になった。二人になると淋しいもので、一人休めば先生一人に生徒一人、もし二人休めば先生一人になってしまう。あたり前のことだが深刻なことだった。二人とも休めば一生懸命教えてくれる森川さんにすまないということで、用事が重なった時は調整したり、あるいは交替で休んだりしたこともあった。

しかし秋ごろになると、「仕事を覚えるために三カ月間休む」と言っていた人が六カ月目に復帰してきたり、新しいメンバーが加わったりして少しずつ活気をとりもどしてきた。そして朝鮮語の脱落組も新しく朝鮮語入門講座が開かれると再度チャンレンジし、メンバーに加わってきた。毎年、年に二回ぐらい朝鮮語入門講座を開講し、新聞などで宣伝するが、だいたい一〇人ぐらいの受講者があった。ある時は目つきの良くない人も含めて三〇名ぐらい集まってビックリしたこともある。

一九七四年五月からは、むくげの会の朝鮮語講座を母体として、神戸学生青年センターの朝鮮史セミナーの一環として朝鮮語初級講座が開講し、その後、中級講座（一九七五年四月）、上級講座（一九七五年七月）が開設された。この時点でむくげの会の朝鮮語講座は完全にセンターの朝鮮語講座に合流した。

センターの朝鮮語講座にはむくげの会から一〇人参加しているが、講座にはむくげの会以外の人も加わり、現在、各クラスとも一〇人前後で進められている。ここ二～三年の傾向としては、四月の初級講座には二〇人ぐらいの申し込みがあるが、そのうち五人ぐらいが中級に進むという具合である。初級一年、中級一年なので最短コースを歩めば二年間勉強すると上級クラスに上ることになるが、最短コースの人はあまりいないようである。中級で留級する人とか、落第してもう一度初級をする人とかいろいろである。

私は一応八年間続けて勉強してきた古参メンバーなのでずっと上級にいるが、八年分の実力はなさそうである。毎年四月には何人かのメンバーが上級に上がってくる。最初の一カ月くらいは辞書を引くスピード等で差をつけているが、二～三カ月もすれば変わらなくなってしまうのである。それどころか最近は、他で朝鮮語を学んでいたよくできる人が時々、直接上級に入ってきたりして、ますます影が薄くなっている。枯木も山の賑わいにならないようにと思っているのだが。

朝鮮語講座の方はどうしても翻訳の方が主になってしまうが、三～四年前に一部をテキストとして利用していた本を最近、翻訳して出版した。『朝鮮近代社会経済史』（龍渓書舎）であるが、もとの本は、一九五九年に朝鮮民主主義人民共和国で発行された『十九世紀末期―日帝統治末期の朝鮮社会経済史』である。一章を何カ月か費やして訳し終えたとき、この本を翻訳出版しようという話が持ち上がった。出版してくれる出版社がなかったら自費出版しようというような話で、七人で分担して訳し始めた。

早い人は二～三カ月で終えたが、私は遅々として進まなかった。社会科学論文なので小説に比べるとやさしいのだが、それでも机に向かって座り、辞書を片手に原本と原稿用紙を相手に奮闘するがすぐにくじけてしまうのである。そしてそのまま何週間も置いておくというのを繰りかえしていたが、昨年（一九七七年）、梶村秀樹先生らの努力により出版の目途がたち、締切をせまられてやむなく毎日奮闘し、なんとか期日までに自分の分を仕上げた。七分の一でこんなに大変なんだから本一冊を一人で訳すのは大変な努力だなとしみじみと思う。

初めての出版なので校正するにしても勝手がわからず、またむくげのメンバーはみな働いているので土曜、日曜には二カ月ぐらいの間、集まっては校正ばかりしていた。

最近、本の販売作戦も一段落ついて改めて『朝鮮近代社会経済史』をテキストにむくげの会の歴史研究会をしているが、新たな誤植を見つけてはガックリきたりしている。

私たちの場合、多くの人の厚意があり、幸運にも翻訳出版することができ、ほんとうによかったと思っている。むくげの会を作った頃には考えてもみなかったことだが、これで一つのくぎりになったように思う。出版記念会の時、分担翻訳した二人の仲間（女性）が、期せずして「これで親に顔むけができました」といったが、結婚もせずに何をしてんのかと親に言われながらこの八年間朝鮮のことばかりしていた、大げさにいえば青春のあかしのようなものであった。

神戸学生青年センターの朝鮮語講座の方は、各クラス週一回ずつ勉強をしているが、最近の特記事項は、三月に開いた学芸会である。初級・中級・上級がそれぞれ、劇・人形劇などを朝鮮語で演じたのである。出演者二五名、聴衆三〇名、計五五名の小さな学芸会であったが、非常に楽しいものだった。生徒はほとんどが日本人だが、初めてチマ・チョゴリを着ての演技も、幼稚園時代を思い出しての人形劇も、閉幕後のうちとけてのコンパもよかった。この学芸会を毎年恒例のものにしたいと思っている。

むくげの会の当初のころに比べれば、賑やかで、私自身も気負いがない。出発時には日本人は日本人の責任において朝鮮問題を、朝鮮語をしなければならないと、肩をいからせていた。いからせることなく特に理由をつけなくとも朝鮮語が勉強でき、朝鮮を好きにならなければならないと自分に言い聞かせなくとも朝鮮が好きになるようになれば、それが一番いいことだと思う。私もそうありたいと思う。

（『季刊三千里』一六号、一九七八年一一月）

三、東アジアの和解と共生を問う

飛行機の「飛」に、「田んぼの田」と書いて、飛田と言います。大阪は、「ひだ」さんよりも、「とびた」さんの方が多いと思いますが、私の父親は鳥取県の日野郡日野町根雨というところで、そこに行くと、「ひだ」さんはたくさんいます。私の系統の「ひだ」は、「向こう飛田」、「川の向こうの飛田」が私の系統らしいです。よろしくお願いします。

私は、「神戸学生青年センター」というところで働いています。もう三〇年以上働いています。公益財団法人になっていますけれども、元はアメリカの長老教会です。アメリカ南長老教会が、一九五五年、阪急六甲の近くに八〇〇坪の邸宅を買いました。木造の家だったのですけれども、そこで「六甲キリスト教学生センター」をスタートさせたのが、その母体というか前身になっています。

それから一〇数年経って、一九七〇年頃に、建物も古くなったし、新しい市民活動センターにつくり直そうということになりました。当時おられた宣教師がよく理解してくださったようです。日本基督《キリスト》教団とアメリカの長老教会の宣教師が一緒に活動していたのですけれども、宣教師のマグルーダーさんが、本国のアメリカを説得してくれたのではないかと思います。それで、アメリカ南長老教会の財産を日本基督教団に移して、それから新しい財団法人をつくるということになったらしいです。駅前の八〇〇坪ですからすごいです。マンションが七〇軒くらいあって、その一階が学生センターです。

ところで、今から言っても仕方がないのですけれども、当時、お金がありませんでした。日本基督教団もお金がなかったし、アメリカの長老教会もお金がありませんでした。皆さん、「地上権付きマンション」ってご存知ですか？　学生センターは一応地主ですけれど、マンションにはそれぞれオーナーがいます。地主ですが、地代がほとんど入ってこない仕組みになっているのです。そういう「下駄履きマンション」です。それでも、おそらく今の学生センターのような財団を新しくつくろうとすれば大変ですから、大いに感謝しています。

学生センターができたのは、一九七二年です。私が大学三年生の頃です。私が三代目の館長ですけれども、初代の館長をしていた小池基信さんという教団の牧師さんがおられて、卒業したらそこで働かせてもらえるように、その方にお願いして「唾」を付けました。大学院の終わり頃は、週四日くらい働いていましたが、大学院を修了してから正式に働くようになり、現在に至っています。

今日、崔春子《チェチュンジャ》先生から頂いた題が、「東アジアの和解と共生を問う」という、とても大きなテーマですけれども、いくつか考えていることをお話しします。

個人的なことですが私の祖父は、有名な牧師です。母の父で「鈴木浩二」という牧師です。なぜ有名なのかと言いますと、日本基督教団ができた時に総務局長をしていたからです。ですから、日本基督教団が当時の権力の下に統合されて、教団設立の報告に伊勢神宮に行ったというのが私の祖父です。日本基督教団が抵抗できなかった歴史の本などを見ますと、「富田満総理と鈴木浩二総務局長が伊勢神宮へ行った」（一九四二年一月）というのが出てきます。

祖父は、私が小学校二年生か三年生の頃に亡くなりましたが、戦後、日本基督教団神戸教会の牧師をして、その後、引退して、東京に行って半年もならないうちに、クリスマス・イブの日に亡くなりました。祖父は、戦前、いろいろなことがあったわけですが、しかし、私にとってはいいおじいさんだった人です。

それで、私も一度、戦争中のそういう歴史を調べましたけれども、私の祖父の名前で、いろいろ文章が出てきます。たとえば、とても有名なところでは、「日本基督教団より大東亜共栄圏に在る基督教徒に送る書翰」（一九四四年復活節の日）というものがあります。

それから、私の大先輩に、脇本寿《ひさし》さんという牧師さんがおられるのですが、彼は、川崎市の昭和電工の朝鮮人宿舎の舎監をしていた方です。そこで、彼が覚えている舎監時代のことを書いてもらって、その場所まで一緒に行ったこともあります（脇本寿『朝鮮人強制連行とわたし―川崎昭和電工朝鮮人宿舎・舎監の記録』神戸学生青年センター出版部、一九九四年）。そうして調べていますと、戦争中、「鈴木浩二」の名前で文章を出していた。ですから、実際、そこの舎監にならせたのも、私の祖父の名前で、牧師とか、伝道師とか、神学生たちを采配していたわけです。

私は、神戸教会附属の教会とは別のところにある、石井幼稚園に住んでいました。そこはまた、石井伝道所でもありましたので、神学生が月一回、伝道集会に来ます。すると、母は、一番のご馳走を出します。すき焼きを食べるのです。ですから、私にとって伝道師は、すき焼き先生です。私の母（飛田溢子《いっこ》）は、幼稚園の先生をずっとしていました。幼稚園の敷地に園舎があって、ふすま一つ開けたら、私の家がある。ですから、ふすまを開けると、私は母を、「先生」と呼びます。私は、もう二歳くらいから幼稚園に行っていましたから、あちらでは、「先生」と呼んでおいて、こちらを開けたら、「お母さん」と呼んでと、そのように躾《しつけ》られていたようです。私の祖母は、それを見て、「ゆうちゃんは、不憫だ、不憫だ」と言っていました。

学生センターができた頃、私は農学部の学生でした。私が小学校の時、父親の親戚が養鶏場をしていて、私もそういうことをしたかった。ですから、大きくなったら農学部に行って、どこか大農場主のお婿さんにでもなってと、実際、そう思っていました。それで、ちゃんと農学部に入ったわけですが、しかし、その後、べ平連、神戸学生青年センター、むくげの会、神戸・南京をむすぶ会など、わりと別のことをしていたという感じになります。

私は在日大韓基督教会の方と、学生時代から関わっています。李仁夏《イインハ》先生とも、それこそ、日立就職差別裁判闘争の最初からご一緒させていただいていたので、そういう方々と交流がありました。

日立闘争を始めたのは私の世代です。慶応大学の「べ平連」の若者なのですけれども、彼らが横浜駅で入管法反対の署名活動をしていたところ、朴鐘碩《パクチョンソク》さんが来て、「私は、日立製作所を受けて、一旦、受かったけれども、だめだった」と。そういう本当に偶然から始まっているのです。日立闘争は一九七〇年からですから、私が二〇歳、二一歳の時に始まっています。川崎にグループができて、関西にも支援グループがあって、交流したりしていましたから、李仁夏先生ともよくお会いしていました。

申京煥《シンギョンファン》さんのことをお話しします。申さんは一九六六年に、刑事事件を起こしました。申さんは、一度も韓国に行ったこともないし、韓国語も話せないのに、強制送還されそうになりました。そこで、日本基督教団宝塚福井教会に、この話が持ち込まれました。宝塚福井教会は、韓国人の密集地の近くにありました。宝塚に、「ヨンコバ」というのがありまして、昔、よく行っていました。珍しいのではないでしょうか、そこには四〇軒から五〇軒ほどあって、そのほとんどが韓国人という集落がありました。今でもそうではないでしょうか。そこに民団の事務所もありますけれども、そこで彼は生まれ育ちました。私の二つ年上です。

当時は、今以上にひどい就職差別の時代でしょう。就職ができないので、親戚の土建屋で働いていて、不良仲間と一緒に強盗を働きました。強盗に押し入った時、彼は入口で怪我をした女性と言葉を交わしていて、ハンカチを貸したらしい。彼は見張り役でしたから。それで、個人が特定されて、強盗に押し入った上、相手に怪我をさせたということで、懲役八年です（一九六八年五月十四日、静岡地裁）。懲役八年ですから、刑務所を出てから強制送還になるという、そういう事件です。一八、一九歳の少年がどういう事件を起こせば懲役八年にまでなるのかというと、なかなかならないものです。もちろん主犯で強姦事件まで起こした人であれば、もっと長い刑期でしょうけれども。

これは、六〇年代後半の話です。仲間も一五人いて、日本人もいます。それで、日本人とコリアンの量刑を比べますと、どう考えてもこっちの方が重いのではないかと思ったのです。時代が一〇年ほど下がっていたら、この事件そのものが社会問題になっていたのかもしれません。しかし、その当時はそうではありませんでした。それで、普通に裁判になり、その後、八年かからないで、六年半で出獄しました（一九七三年九月二〇日）。そして、岩国少年刑務所から大村収容所に送られ、それで韓国に送還されるということになったのです。

それに対して、キリスト教会が中心になって、「それはいけない」というので支援したわけです。裁判は、東京でしたのですけれども、裁判そのものは、日立就職差別裁判と大体同じメンバーでした。弁護団長は、中平健吉さんという有名な弁護士です。

最近、記録を調べていましたら、二年から三年の間は毎週、宝塚福井教会で事務局会議をしています。川端諭先生は今、滋賀の方に引退されて移っていますけれども、そこの教会で事務局会議を開いていていました。

どちらかというと、私はベトナム反戦運動とか、そういうことを一生懸命しているのですけれども、わりと在日韓国人とか、在日中国人と会う機会が多くあり、緊張感もありまして、「君たち日本人は」とか言われて糾弾されたりもしましたけれども、そういう緊張感の中で、若い私としては、「することは、せなあかん」と。そういうこともあって、何年間か、申さんの問題にかかわった、ということです。

もうおひとり、孫振斗《ソンジンドゥ》さんのことをお話しします。孫さんは、広島で被爆します。被爆して、そして戦後、外国人登録令違反で一九五一年に強制送還されるのです。一九五二年まで在日朝鮮人は、一方で「外国人」、他方で「日本人」と言われた、ややこしい時代ですけれども、外国人登録をしていないということで強制送還されます。ところが、その後、一九七〇年十二月三日、佐賀県の漁港に「密入国」して逮捕された。そして、「体の調子が悪い」、「原爆は私の責任ではない」、「日本に行って原爆を受けて、体が悪いので、日本政府の責任で治療して欲しい」と言いました。それが新聞に載りました。孫さんが原爆症の治療を要求しているというので新聞に載って、被爆者運動をしている方々がいろいろと関わりました。福岡グループ、広島グループ、それから大阪グループ、東京グループと、こうあったのですけれども、これが最高裁までいって勝ったわけです（一九七八年三月三〇日、最高裁判決）。

八〇年代や九〇年代になりますと、いろいろな人たちが戦後補償を求める裁判をしますけれども、孫さんは、ある意味では、先駆者のような方です。

その当時、原爆手帳をもらうためには、親族以外に二人の証人が必要でした。この人は確かにどこどこで被爆したということを言ってもらって、それで手帳をもらえば、原爆症の治療を無料で受けられます。

ところが、彼は密入国しているでしょう。彼は手帳を申請しましたけれども、最初はだめでした（一九七一年、福岡県）。ところが、二人の証人がすぐに見つかって申請したら手帳が出たのです。

今は、韓国で生活し続けている被爆者にも手帳が出ますし、それなりの治療も受けられるようになりました。そういう意味で、孫さんは道を開いた方なのかもしれません。

八〇年代には全国的に指紋押捺反対運動が展開されました。昨日、尼崎市に住んでいる金成日《キムソンイル》さんと会いました。彼は、喫茶店の主人ですけれども、昔、指紋押捺を拒否して捕まって、警察に行ったら指紋を採られたのです。それで、彼は抵抗した。すると、警察はそれを見越していたのか、強制具なのですけれども、板に指を括り付けて指紋を採るような、怪我をしないように（？）

ガムテープだの、マジックテープで付けて指紋を採ったわけです。金さんは一九八六年一一月五日、早朝逮捕され、尼崎北署に連行され、一〇指の指紋と両手の掌紋を採られたのです。それでまた事件になりまして、民事裁判をしました（同年一二月、神戸地裁提訴）。

昨日、その原田弁護士とお会いすることがあって、いろいろ話をしますと、金成日さんは夕方に釈放されているのですが、昨日、聞いたら、署内で原田弁護士と接見したそうです。接見した時は、まだ指紋を採っていなかったそうです。それで、弁護士が帰った後、道具を出してきて、指紋を採ったみたいです。それから六時頃に釈放された。そういう経過だったみたいです。

それで、釈放されて出て来て、「ひどいことをする」と、私たちは思いました。朝日新聞の小尻知博記者は、「強制具は前例がない」ということで調べたわけです。そして金成日さんにイラストを書いてもらって、それが翌日の朝日新聞の夕刊に載りました。それが結構、大きな問題になって、国会議員が尼崎市に調査に来たりしました。

それが一一月で、それから半年後の五月に、小尻記者が殺された（一九八七年五月三日午後八時過ぎ、朝日新聞阪神支局襲撃事件）。私たちは、小尻さんのことをよく知っていて、とても面白い人でした。彼が殺害された時、とても緊張が走りました。おそらく小尻記者の書いた一番社会的に注目された記事はこの金成日さんのことだったからです。

七〇年代に孫振斗さんや申京煥さんのことがあったとしたら、八〇年代にはこういうことがあったと言えます。

九〇年代は、「強制連行」といったことが、何かブームになった時だと思うのですが、しかし、そのブームいうのも急に降って湧いたようなものではありません。私たちの先輩たちの大変な努力がありました。それこそ、一番の先輩は、未来社から『朝鮮人強制連行の記録』（一九六五年）という本を出された朴慶植《パクキョンシク》さんです。六〇年代に、そういう研究を始めた先輩たち、また、その弟子たちが出てきて、七〇年代になると、朝鮮総連も全国的に「強制連行」の調査をしました。

それで、私も関係しましたが、全国の日本人も朝鮮人も地域研究というかたちで、自分の街の近くの炭鉱はどうかとか、自分の街の近くの鉄道工事はどうかということを一生懸命調べ始めました。そうして、一九九〇年に、「朝鮮人・中国人強制連行・強制労働を考える全国交流集会」ができました。私は、その全国事務局長をしていました。何と言っても、学生センターというところは便利です。宿泊・貸館の仕事をしているので朝の九時から夜の一〇時まで、完璧に電話をとる。そういうところが市民運動の事務局になると、別に専従を置かなくても本当に便利なわけです。それが、一九九九年までですから、一〇回全国各地で集会をしたのです。これは、それこそ朴慶植先生たちが、六〇年代に最もしたかったことだと思います。朴先生は全国大会には必ず来られていました。島根県に行ったり、秋田県の花岡に行ったり、いろいろなところに行きました。

もう一つ印象的なことは、「慰安婦」と言われている方の中で、一番最初に、金学順《キムハクスン》さんが話し始めたことです。それが九〇年代です（一九九一年八月十四日、韓国で初めて名乗りを上げ、記者会見、同年十二月六日、東京地裁提訴）。

ですから、あの頃は、「強制連行」も話題になっているし、「慰安婦」の問題も話題になってきた。それでも、日本政府は、民間業者が勝手に連れ回したということだと言っていたのです。

その風向きを変えたのは、中央大学教授の吉見義明さんが、かなり決定的な資料を防衛庁防衛研究所図書館で発見したことです。吉見さんは、アメリカに交換教授で行っていましたが、元々そういう資料があることは知っていました。しかし、日本政府は、「知らない」と言っていました。吉見さんは、アメリカから帰って来ると、防衛庁の図書館に行って調べて、そこで軍が関与しているという資料を見つけた。そして、それを朝日新聞がトップ記事で取り上げました。それが一九九二年一月一一日です。それで、同年の一月一七日に、宮沢喜一首相が韓国に行って謝った。そのまま放っておくのは無理だったのでしょう。そうして、「知らぬ、存ぜぬ」から少し変わりました。今はその反動が来ていますけれども、その時は歴史が動くということを実感しました。

韓国は八〇年代の終わりに変わります。それこそ、金学順さんが声を上げたのも、民主化の成果でしょう。また、在韓被爆者も以前から声を上げていたと思いますが、しかし、日本の帝国主義の被害者が声を挙げるというのは、民主化運動の成果です。それで、いろいろと復権が行われて、二〇〇四年一一月一〇日に、強制連行関係の真相糾明委員会が、政府の機関でできるわけです（二〇〇四年三月五日「日帝強占下強制動員被害真相糾明等に関する特別法」制定による）。するとそこで被害の申請をするし、また本格的な調査も始まる。それは「強制連行」だけではなくて、東学農民戦争（一八九四年）の被害者とか、済州島四・三蜂起（一九四八年）の被害者も含めてです。そうして、彼らが徐々に復権していくわけです。

そういう中で、「強制連行」の調査も新しい曲面を迎えます。そして、「強制動員真相糾明ネットワーク」（二〇〇五年七月設立、共同代表・上杉聡、内海愛子、飛田雄一）ができました。全国各地で、「強制連行」の調査をしていた私たちと、韓国の委員会との交流ができるわけです。

私たちが知らなかった神戸港の「強制連行」関係のことを、韓国の委員会が、調べていました。なぜなら、そういう被害者の申告がくるからです。韓国の委員会がつくった本の中に、「三菱重工神戸造船所で、こんなことがあった」という証言が載っていたりするわけです。それで、研究がレベルアップしたというか、そういうことがあったように思います。

しかし一方で、日本人的立場からしたら、いろいろ辛いことがあります。辛いというか、それこそ、捕虜収容所で、日本軍の軍人になって、捕虜を虐待したといって日本人と同じように戦争犯罪人にされた朝鮮人もいるのです。絞首刑になった人もいる。それはもう、二重の意味で耐えられないのですけれども…。また、フィリピンとか、あのあたりで戦犯になって、結局、朝鮮半島に帰られずに日本に来たりするわけでしょう。それから、日本の戦争協力者ということで帰られずにいるとか、帰ってもそういうことでいじめられるとか、あるいは、特攻で亡くなった人もいる。特攻で何とか生き残ったけれども、韓国の中では、協力者としていじめられるとかですね。そういうことを聞くととても辛いです。

中国人にも話を聞いたのですけれども、私たちが一番がっくりきたのは、「強制連行」されて、日本でひどい目にあったのに、文化大革命の時にいじめられたことです。日本にいたというだけで。そのことを複数の方から聞きました。日本で強制労働させられた話を聞きますけれども、そのほとんどの方が文化大革命の時、日本にいたということでいじめられたと言うのです。

ですから、被害者は被害者で、当たり前なのですけれども、「日本でひどい目にあった」と言っても、そういうことでいじめられた。韓国では協力者と言われたり、中国でもそのように言われました。本当に日本人としてはやりきれないことです。

「戦後補償を求める裁判」に関連することについてもコメントしたいと思います。ほとんど負けています。負けたら、なかなか辛いものがあります。

しかし、裁判というのは、中京煥さんの時にも裁判をしましたけれども、たとえ裁判に負けても、成果が残ったりする面もあります。そういうこともしなかったら、世論を喚起できない。そしてやはり根本的な解決が必要だということで、立法運動も起こるわけです。

今、ヘイトスピーチが起きていますが、日本には、ヘイトスピーチを規制するような根本的な法体系がありません。ドイツでは、ナチスの旗を持って行進したりすれば、刑事罰に処せられるということがありますけれども、日本では、声が大き過ぎるから軽犯罪法違反とか、そういうレベルです。差別行為そのものを禁止する法律がないわけですから、そういうことを国連の人権委員会から、日本政府に勧告が出たりしています。

「民闘連」（民族差別と闘う連絡協議会、一九七四年結成）というものがありますが、これは、日立闘争をしたグループが前身です。その後、指紋押捺撤廃運動をリードしましたが、戦後補償を求める運動を一生懸命しました。民闘連が「在日旧植民地出身者戦後補償・人権保障法案」（一九八八年）を作りましたが私もそれに関係しました。このために、学生センターで何回も合宿しました。

最初は、「人権保障法」でした。コリアン、在日韓国人が、今以上に排除されていましたから、コリアンが社会保障とか、いろいろな面で排除されないように、権利が保障されるような法体系をつくろうということで、一生懸命、論議していたことを覚えています。

それで、その時、「戦後補償と関係がある」という結論になった。つまりコリアンは、「昨日、今日、たまたまやって来た外国人ではないのだ」ということが一つの大きな問題なわけです。それで、今から考えますと固い名前ですが、「在日旧植民地出身者戦後補償・人権保障法」になりました。この法律案の成立過程というのも、もはや歴史だなと思って、私もメモを置いておかないとだめだなと思っています。

中国人の裁判も、結構、負けていますけれども、企業と和解して、企業がお金を出すということがあります。たとえば、西松建設は謝って、中国人の被害者にお金を出しました（二〇〇九年一〇月二三日）。

私は株をしない人ですけれども、その時、一口二五万円の西松建設の株を買いました。結局、損をしたのですけれども（笑）。あの時、何株だったかな、二五〇万、五〇〇万円くらい集めなければならなかったかな。何せ、その二五万円の株を何口か得て、株主総会で発言しなければということで。結局私も二五万円で買って、一七、八万円くらいで売ったかな。だいぶ損をしましたけれども、それで私たちの代表が株主総会に乗り込んだりしたのです。しかも、あの頃、たまたま、民主党の小沢一郎が、西松建設から金をもらっていた。それで、西松建設は謝った。いいタイミングだったわけです。

最後に、いくつかのことをお話したいと思います。一つ目は、「歴史を心に刻み石に刻む」ということです。これは、私たちの間で流行《はや》っている言葉です。

戦争中にあったことを調べて、それをブックレットにしたりするわけですが、それでもやはり、「モノ」をつくりたい。それで、いくつかつくりましたが、これは大事なことです。小学生、中学生がフィールドワークに行ったら、そこに「モノ」があるというのが非常にいいわけです。

「神戸電鉄敷設工事朝鮮人犠牲者を調査し追悼する会」がつくった朝鮮人労働者のモニュメン

トがあります。神戸市の公園の中にあります（一九九六年十一月二四日建立）。これは、一九二〇年代、三〇年代ですから、強制連行以前の時期のもので労働者として募集されて来て、それでもひどい労働条件だったわけです。それで、神戸電鉄工事で一三人の朝鮮人が亡くなっています。

私たちは、いろいろと調べました。神戸に、「新聞魔」と言われる金慶海《キムギョンハ》さんという研究者がおられるのですが、ものすごい量の新聞の中から、神戸電鉄の記事を全部調べたわけです。すると、亡くなっている人は全部で一三人で、日本人はゼロです。ことさら朝鮮人犠牲者だけを抜いたわけではありません。全部調べたら一三人で、それが全部、朝鮮人だった。労働争議を調べても、闘ってるのは朝鮮人です。多い時で一五〇〇人ほどで、現場労働者は朝鮮人です。監督は違うでしょう。それで労働争議もする。労働争議といっても、賃金未払いとかですから、かなりレベルの低い労働争議です。有馬の方で争議が始まって、神戸の御影の警察が乗り込んで行くとか、そういうこともあります。

二〇年代には、有馬に通じる鉄道（神戸有馬鉄道敷設、一九二七～一九二八年）、それから、三〇年代には、広野ゴルフ場から三木へ行く鉄道（三木電鉄敷設、一九三六年～一九三八年）が作られましたがひどい労働環境でした。それで、一三人が死亡しました。

そういうことが分かって、しかも、この二つの鉄道会社が一九四七年に合併してできた神戸電鉄は、そのことを社史にも書いていない。それで、私たちがモニュメントをつくるということになり、阪神淡路大震災の次の年の一九九六年に、立派なモニュメントができました。その像は、金城実さんがつくってくださったのですが、最初は、筋骨隆々とした朝鮮人労働者が線路の上で働いているというものでした。そこで、皆で会議をしました。そして、嫌々だったにしても、一生懸命、働いたのには違いないだろうけれども、こんなに元気なのは困ると。いろいろとディスカッションをしまして、デザインを書き直してもらってつくりました。表には、シンプルに、「朝鮮人労働者の像」と書き、裏には、一三人がいつどこで亡くなったかということを書いています。

これは、二〇年代、三〇年代のことですから、生き残っておられる方、あるいは、その子どもで生きておられる方はもうおられないと思ったのですが、それがおられました。一三人の中で、埋葬許可証か何かで本籍が分かったのが半分くらいありました。それで、亡くなった方のお名前で手紙を書きますと、返事が返って来ました。民団も協力的で、本籍の住所で調べて頂くと、確かにおられました。「藍那トンネル」（一九三六年十一月二五日、山田村藍那トンネル東入口、土砂崩壊）では、一度に六人が亡くなっているのですが、その娘さんが生きておられました。お父さんとお兄さんを同時に亡くされた方です。落成式には来られませんでしたが、追悼集会に来られました。「東山トンネル」（一九二八年一月一五日、神戸市東山町四丁目東山トンネル東入口、夜間作業中）でも、お父さんを亡くされた方も、その息子さんがおられ、その息子さんの奥さんが来られました。

「神戸港における戦時下朝鮮人・中国人強制連行を調査する会」のこともお話しますが、これは、「強制連行」の関係なのですけれども、神戸市との話しあいがうまくいきませんでした。ほぼ話が詰まって、石碑の案文までできていました。最近、「強制連行」の石碑を公の土地につくったということで攻撃されていますが、公の土地に「強制連行」の石碑をつくるというのを神戸市が少しビビり出しまして、うまくいきませんでした。

それで、私たちは、中国人の会館前の民有地をお借りしてつくりました（「神戸港　平和の碑」、二〇〇八年七月二一日建立）。結果的によかったと思います。撤去しろとか攻撃の仕様がありませんから。

そして「コリアン、中国人、連合国軍捕虜の関連」についてお話しします。実は、神戸港の「強制連行」を調査している時に、連合国軍捕虜も一緒に調査して発表した方がよいと考えて、私たちのグループの中で、朝鮮人グループ、中国人グループ、そして、連合国軍グループをつくりました。

連合国軍捕虜は、神戸で六〇〇人くらい来ています。中国人が九〇〇人、朝鮮人は三〇〇〇人くらいです。ですから、数としては、朝鮮人が圧倒的に多いわけですけれども、それでも、連合国軍捕虜は捕虜で大変なことになっていたわけです。戦争という極限状況で、それぞれ大きな被害を受けていた。

オーストラリアの人で、神戸で捕虜生活をした方が本を出していました。そこで、その本の翻訳権をもらって出版しました（ジョン・レイン著、平田典子訳『夏は再びやってくる―戦時下の神戸・オーストラリア兵捕虜の手記』神戸学生青年センター出版部、二〇〇四年）。その出版記念会に、彼をオーストラリアからお呼びしましたら、奥さんと一緒に来られました。作業中にピーナッツをとって食べて、途中でそれがばれてどつかれるから、できるだけ倉庫の中でピーナッツを食べたとか、あるいは、機械油と植物油の間くらいの油があって、それを舐めたと言っていました。彼は、ものすごくユーモアがあって、面白い方です。

彼を関西空港に迎えに行きますと、神戸に向かう途中彼はローマ字の「ＫＡＭＩＧＵＭＩ」を見て反応しました。彼は、「上組」で働いていたのです。「上組」というのは倉庫業です。彼はそこで働かされていたのです。

彼は、いまだに、「いち、に、さん」という日本語を覚えています。軍隊式にやられましたから。他にいくつか言っていました。「右向け右」も覚えていました。

そして、「朝鮮半島と日本（一九六五年日韓会談、朝鮮民主主義人民共和国との国交）」についても考えなければなりません。一九六五年の「日韓条約」も、今から思えば、本当は植民地支配の責任を感じて正当な補償をするべきでした。「日韓併合条約」はもはや無効であったとよく言われています。韓国政府は一九一〇年の段階で無効だったと主張し、日本政府は一九一〇年の時点では合法的だったと主張します。結局玉虫色の日韓両政府が互いにそのように主張してお互いにその見解に口をはさまないということにしたのです。英語では「already」、韓国語では「이미《イミ》」、

日本語では「もはや」と、この三つの言葉を使い分けようと、日本の官僚と韓国の官僚が話をつけて、「日韓条約」ができたという、もはや公然となっている話があるわけです。そういうことで、日本側は有償無償五億ドルというのは「独立祝い金」であって、「賠償金」ではないという決着をしています。

今後、朝鮮民主主義人民共和国と日本が、いずれ国交を回復しますから、またそういう問題が出てきますけれども、このまま行くと、日韓条約方式になるような気もしてしまいます。ですから、本当の歴史的な関係から言えば、まだ考えなければならないことはあるということだと思います。

最後に、「東アジアの平和・和解・共生（ドイツの戦後補償も参考に）」の項目についてお話しします。よく、ドイツを模範とすると言われますけれども、ドイツは、個々のユダヤ人にも補償をしています。また、ある企業は、お金を出して、そういう団体をつくっています。私はドイツに行ったことがないのですけれども、ドイツに行った人が感動することの一つは、ドイツの公立劇場の前に、ここの労働にユダヤ人が動員されて、どう犠牲になったというプレートが必ず入っていると言います。それは、もちろん、アウシュビッツだけではなくてです。日本で言えば、私たちがつくったようなモニュメントを政府がつくって、そこら中にあるということです。お金もその企業と政府が出して、そういう補償をするという、そういうことが本来あるべき姿であると思います。

韓国の企業も、浦項製鉄などは、あの意味では「日韓条約」のおかげでできたわけです。ある程度お金を出して、そういう基金をつくろうという構想があって、日本政府と日本企業も何とかしてそれに乗せてというか、そういうことも、先のことですけれども考えながらできれば和解の道になると思います。以上で終わります。どうもありがとうございました。

（『たかつきプリム通信』一九号、在日大韓基督教会高槻伝道所、二〇一四年八月）

四、神戸学生青年センターのこと

センターの出発

「人間の営みは、いつも場所を媒介として行なわれます。思想的、政治的なものから家庭の営みにいたるまで／ですから、いつの時代でもおおよそ支配者が自らに批判的な人の集まりを弾圧するとき、それは場所の破壊、場所からの追放として現れました／自由な生の営みを願うものは、何ものからも干渉されることのない場所を獲得したいと願います。私たちのセンターは、そうした願いを実現しようとする一つのアプローチです／この園に市民共同体や文化や宗教の営みが花開くことを願っています。」

この文章は、神戸学生青年センターの最初のパンフレット（一九七二年）に書かれた趣旨文だ。設立メンバーで後の理事長の辻建牧師が書かれたものだ。当時のセンターを作ろうとした時のエネルギーが感じられる。

センターの前史は、一九五五年、アメリカ南長老教会が六甲キリスト教学生センターを設立したことから始まっている。一九六六年に日本基督教団兵庫教区に伝道活動が委譲された。一九六九年十一月、「学生センタービル建築準備委員会」が設置され、その後一九七二年四月、新会館がオープンしている。「財団法人神戸学生青年センター」（法人登記は翌年一月完了）の活動が始まったのである。

阪急六甲より徒歩三分という恵まれた立地に八〇〇坪の土地があったが、アメリカ南長老教会にも日本基督教団にも資金がなかった。そこで当時としては珍しい借地権付マンションを建設したのである。請け負った建設会社は成功裏にマンションを販売し担当者も出世したと聞いたが、センターとしては等価交換方式により一階部分とマンション（七〇軒のうちの四軒）とガレージ一五台分を得たのである。建設会社の方がだいぶ得をしていると思うが仕方ない。センターとしては当初から経済的な自立が出来る方法を考えており、前記マンション、ガレージの賃貸とともに、一階部分で貸会議室、宿泊施設を運営して財政基盤を整えながら、セミナー開催等を行なってきたのである。

朝鮮史セミナーのスタート

すでに開館の年の六月には朝鮮史セミナーが始まっている。第一期は、「朝鮮と日本―その連続と断絶をめぐって」をテーマに、①古代Ⅰ・朝鮮の古代国家、井上秀雄、②古代Ⅱ・モンゴル侵入と義兵闘争、井上秀雄、③中世・いわゆる李朝封建制の成立と崩壊、韓晳曦、④近代Ⅰ・近代朝鮮と日本、中塚明、⑤近代Ⅱ・朝鮮解放の闘い、韓晳曦、⑥第二次大戦後の朝鮮と日本―日韓条約と朝鮮の統一問題、中塚明を開いている。きっかけは講師としても登場している韓晳曦さんの訳書『義兵闘争から三一独立運動へ―朝鮮の自由のための闘い』（太平出版社、一九七二年）

の出版記念会に集まったメンバーが継続的に朝鮮史を勉強しようとしたことから始まったと聞いている。韓さんは一九九八年に亡くなられるまでセンターの理事で、朝鮮近代史の専門図書館・青丘文庫（現在は神戸市立中央図書館内）の創設者でもある。

ここでセミナーの記録をすべて書くことはできないが、第二期（一九七三・二〜六）の「近代における朝鮮と日本」を紹介しておく。①日本による朝鮮植民地支配と民族解放運動、中塚明、②日本帝国主義の朝鮮植民地支配、朴慶植、③日本帝国主義の植民地収奪機構、安秉玲、④日本統治下の宗教政策への抵抗と挫折、韓晳曦、⑤「敗戦」と「解放」の意味、姜在彦。当時このようなセミナーの開催は珍しく、注目されて多くの方が参加した。当時神戸大学に通っていた私も参加者のひとりだった。一九六九年大学入学の私は、少々長い学生生活を送って一九八七年四月からセンターで働いている。そして一九九一年に三代目の館長に就任している。

現在までの朝鮮史セミナーの記録はセンターのホームページ http://ksyc.jp/ でみることができる。また録音も残されている。数年前、梶村秀樹研究をしているという韓国からの留学生が「梶村先生の肉声が聞きたい」というので、「解放後の在日朝鮮人運動」（一九七九・七）の録音をコピーしてさし上げたこともある。

朝鮮史セミナーは、その後スタートした食品公害セミナー（現・食料環境セミナー）、キリスト教セミナーとともにセンターの「セミナー三本柱」として今に続いている。

多彩な講師にめぐまれて

恒常的な朝鮮史セミナーとは別に「夏期特別講座」が毎年開かれていた。二日間にわたるハードなセミナーだった。夜の講師を囲んでの懇親会も毎回大いに盛り上がった。

・在日朝鮮人・その形成と運動の歴史、一九七五・七、朴慶植
・韓国民主化運動、一九七六・七、鄭敬謨
・「わが民族、わが文学」、一九七七・七、金達寿
・近代における日本と朝鮮、一九七八・七、姜在彦
・解放後の在日朝鮮人運動、一九七九・七、梶村秀樹
・解放後・南朝鮮人民のたたかい、一九八〇・七、高峻石
・日本文化と朝鮮、一九八一・七、李進熙
・近代における日本と朝鮮、一九八二・七、中塚明
・朝鮮人の強制連行・強制労働、一九八三・七、金賛汀
・「金石範・小説の世界」、一九八四・七、金石範
・八・一五を考える、一九八五・八、李恢成
・中国・延辺朝鮮族自治州に暮らして、一九八六・八、木村益夫
・韓国現代史、一九八七・八、梶村秀樹
・いま、韓国歌謡曲がおもしろい―かたり&うたう、一九八八・七、滝沢秀樹、山根俊郎、朴

燦鎬

セミナーには韓国からも講師が来てくださっている。沈雨晟（一九八三・九）、黄晳暎（一九八六・一）、尹慶老（一九九〇・二）、李東哲・金明坤（一九九〇・三）、李泳禧（一九九二・一〇）、高銀（二〇〇〇・一〇）らである。ロシアからポリス・朴（一九九二・十一）、白泰鉉（一九九九・一）、中国から金道権（一九九九・六）も招いている。

その他、演劇、人形劇、映画館、写真展、漫画展、版画展、韓国舞踊、コンサートなど、コリア関連のいろいろなイベントも開いた。

座学もいいがフィールドワークはもっと楽しい

座学のセミナーに対して近年では現場を歩くフィールドワークが盛んだが、その走りともいえるのが「兵庫県下の在日朝鮮人の足跡を訪ねる旅」（一九八九・一一・三〜四）でないかと思う。甲陽園地下工場跡、昭和池、城崎等を、鄭鴻永、徐根植、寺岡洋の案内で訪ねた。

その後、京都マンガン記念館・東九条（一九九一・一一）、さらに韓国へも江陵端午祭（一九九六・六）、公州民族文化祭（一九八七・一〇）、珍島霊登祭（一九九八・四）、東学農民革命（一九九九・七）済州島四・三（二〇〇〇・五）、安東仮面劇フェスティバル（二〇〇二・九）へ。二〇〇一年六月には朝鮮民主主義人民共和国ツアーも行ない、二〇一〇年にはゲルマン・金の案内で中央アジアのコリアンを訪ねる旅も行なった。私自身は、この中央アジアの旅が一番印象に残っている。

朝鮮史セミナーは朝鮮半島全体を視野に入れたものだったが、初期の頃にはセンターが韓国的だとか北朝鮮的だとかいろいろ揶揄《やゆ》された時期もあった。

本を出すことになりました

センターには弱小ながら出版部があるが、設立のきっかけは朝鮮史セミナーだ。先に紹介したように、「解放後の在日朝鮮人運動」をテーマに夏期特別講座（梶村秀樹、一九七九・七）を開催したが、この時は最初からテープ起こしをして出版する企画だった。当時では今以上に生々しくタブーとされるようなテーマであるが、講演録という形で出版するのがいいだろうという判断だった。当時、大阪、京都でも朝鮮史セミナーが開かれており、共同企画のセミナーおよび出版だった。そして一九八〇年七月、『解放後の在日朝鮮人運動』が出版されたのである。話題となり新聞でもとりあげられて七刷まで出されているが、今でも在日朝鮮人史を研究する上でこの本が基本文献となっている。韓国でかつて日本語複写版と韓国語版がセンター出版部に無断で発行され、私もソウルの本屋でそれをみて驚いたことがある。近年、日韓の著作権問題が進展し、二〇一四年十二月に正式契約が結ばれ『解放後在日朝鮮人運動（一九四五〜一九六五）』（金仁徳訳、ソウル・図書出版ソイン）として出版された。喜ばしいことだ。

センター出版部はその後も同じような問題意識で、一九八六年一〜六月、全六回のシリーズ

「続・解放後の在日朝鮮人運動」の講演録を出版した。それが『体験で語る解放後の在日朝鮮人運動』（朴慶植、張錠寿、梁永厚、姜在彦、一九八九・一〇）だ。第一部が講演録で第二部には金英達が「在日朝鮮人発行雑誌（解放後初期・日本語）」として、『民主朝鮮』『朝鮮評論』『平和と教育』『新しい朝鮮』『朝鮮月報』『朝鮮問題研究』『鶏林』の総目次を掲載している。この本もそれぞれの講演者が書けない内容もあったはずだが、センターが勝手に講演録を作ってしまったということにして世に出たのである。

他にセミナーの講演録として次のようなものがある。セミナー開催もいろんな出会いがあって楽しいが、出版は別の楽しみがある。「魔物」とも言えるが、セミナーに参加者は多くて百人だが、本はもっと多くの人に届けることができると思うからである。

・金慶海・梁永厚・洪祥進『在日朝鮮人の民族教育』一九八三・三（※品切れ本、以下同じ）
・中塚明『教科書検定と朝鮮』一九八二・九※（二部に新聞記事）
・田中宏・山本冬彦『現在の在日朝鮮人問題』一九八四・五※
・中村修・韓丘庸・しかたしん『児童文学と朝鮮』一九八九・二
・朴慶植・水野直樹・内海愛子・高崎宗司『天皇制と朝鮮』一九八九・十一※
・和田春樹・水野直樹『朝鮮近現代史における金日成』一九九六・八
・高銀『朝鮮統一への想い』二〇〇一・九

自薦他薦の本も出版

講演録を出版するようになると、出版依頼も来るようになった。自薦他薦の本も出すようになったのである。以下のようなものだ。

・梁泰昊『サラム宣言―指紋押捺拒否裁判意見陳述』一九八七・七
・新見隆・小川雅由・佐藤信行ほか『指紋押捺を問う』（『季刊三千里』論考選）一九八七・七※
・金慶海・堀内稔『在日朝鮮人・生活擁護の闘い―神戸・「一一・二七」闘争』一九九一・九
・尹静慕（鹿嶋節子訳、金英達解説）『母・従軍慰安婦―かあさんは「朝鮮ピー」と呼ばれた』一九九二・四
・仲原良二『国際都市の異邦人―神戸市職員採用国籍差別違憲訴訟の記録』一九九二・七※
・脇本寿『朝鮮人強制連行とわたし―川崎昭和電工朝鮮人宿舎・舎監の記録』一九九四・六
・鄭鴻水『歌劇の街のもうひとつの歴史―宝塚と朝鮮人』一九九七・一
・八幡明彦『〈未完〉年表・日本と朝鮮のキリスト教』一九九七・三
・金乙星『アボジの履歴書』一九九七・一〇
・韓国基督教歴史研究所編著（信長正義訳）『三・一独立運動と堤岩里教会事件』一九九八・五
・キリスト教学校教育同盟関西地区国際交流委員会編『日韓の歴史教科書を読み直す―新しい相互理解を求めて』二〇〇〇・三（二〇〇三・十二、日本語韓国語合本版として再刊）
・金英達・飛田雄一『朝鮮人・中国人強制連行・強制労働資料集』一九九〇・七※、一九九一・

七※、一九九二・七、一九九三・七※、一九九四・七、全五冊
・金英達『朝鮮人従軍慰安婦・女子挺身隊資料集』一九九二・七
・兵庫朝鮮関係研究会編著『在日朝鮮人九〇年の軌跡―続・兵庫と朝鮮人』一九九三・一二
・竹内康人編著『戦時朝鮮人強制労働調査資料集―連行先一覧・全国地図・死亡者名簿』二〇〇七・八※
・竹内康人編『戦時朝鮮人強制労働調査資料集二―名簿・未払い金・動員数・遺骨・過去清算』二〇一二・四
・モシムとサリム研究所著（大西秀尚訳）『殺生の文明からサリムの文明へ―ハンサリム宣言・ハンサリム宣言再読』二〇一四・七
・竹内康人編著『戦時朝鮮人強制労働調査資料集―連行先一覧・全国地図・死亡者名簿―増補改訂版』二〇一五・一

弱小出版社にしてはよく出したものだと思う。『教科書検定と朝鮮』のように飛ぶように売れた本もあれば、「いい本です、類書がないです」と褒められながらも余り売れなくて倉庫に眠っている本もある。直接注文の他に、全国の書店でも「地方小出版流通センター扱いの本」と注文してくだされば入手できるので、販売協力をよろしくお願いしたい。

学芸会が盛り上がった朝鮮語講座

朝鮮史セミナーの延長線上に朝鮮語講座が一九七五年五月にスタートしている。すでにセンターを拠点に活動していた「むくげの会」が朝鮮語講座を始めていたが、それ以降クラスごとに順次センターの朝鮮語講座に合流したのである。ワールドカップ用の講座を開講したことも、韓国で特別授業をしたこともある。学芸会・弁論大会で盛り上がった時期もあるが、近年そのエネルギーは弱まっておりキムチチゲ宴会を時々開催する程度である。センターの場合、特に韓流ブームで受講生が急増するということもなかったが、現在も自主クラスをあわせて七つのクラスが運営されている。

市民活動の拠点として

センターは、兵庫における在日朝鮮人の人権擁護、歴史研究活動の拠点としての役割も果たしている。

一九八〇年代には「兵庫指紋拒否を共に闘う連絡会」(代表・河上民雄)等の活動を担い、歴史研究においては、兵庫朝鮮関係研究会、兵庫県在日外国人教育研究協議会、むくげの会などとともに歴史研究を進めている。その成果のひとつが『兵庫のなかの朝鮮—歩いて知る朝鮮と日本の歴史シリーズ』(明石書店、二〇〇一・五)である。

「神戸電鉄敷設工事朝鮮人犠牲者を調査し追悼する会」は、一九九三年七月にセンターで結成集会を開いた。一九二〇年代三〇年代の神戸電鉄敷設工事には多くの朝鮮人が労働に従事し、一三名の犠牲者が出たことが確認されている。埋葬許可証などで本籍の分かる方を調べ、韓国の遺族を探し出して訪問した。一九九六年一一月にモニュメント「神戸電鉄朝鮮人労働者の像」（金城実製作）が神戸電鉄の線路沿いの会下山公園に設置されている。

「神戸港における戦時下朝鮮人・中国人強制連行を調査する会」は一九九九年一〇月、同じくセンターで結成された。アジア・太平洋戦争期の神戸には、朝鮮人・中国人・連合国軍捕虜が強制労働を強いられた歴史がある。朝鮮人・中国人については比較的名簿が残されており、その名簿をもとに生存者を韓国・中国に訪ね聞き取りを行なった。それらの成果を次の二冊の本にまとめている。

『神戸港強制連行の記録―朝鮮人・中国人そして連合軍捕虜』（明石書店、二〇〇四・一）

『アジア・太平洋戦争と神戸港―朝鮮人・中国人・連合国軍捕虜』（みずのわ出版、二〇〇四・二）

二〇〇八年七月、神戸華僑博物館前に「神戸港平和の碑」が設置された。碑文には次のように刻まれている。

「アジア・太平洋戦争時期、神戸港では労働力不足を補うため、中国人・朝鮮人や連合国軍捕虜が、港湾荷役や造船などで苛酷な労働を強いられ、その過程で多くの人々が犠牲になりました。

私たちは、この歴史を心に刻み、アジアの平和と共生を誓って、ここに碑を建てました。二〇〇八年七月二十一日　神戸港における戦時下朝鮮人・中国人強制連行を調査する会」

神戸は、一九四八年に阪神教育闘争が展開されたところだが、四〇周年の一九八八年には事業委員会をつくり記念集会とともに金慶海編著『在日朝鮮人民族教育擁護闘争資料集』（明石書店、一九八八・四）を出版した。五〇周年の一九九八年には、闘争で亡くなられた朴柱範さん（当時の兵庫朝連の委員長）の遺族の消息が判明したので、招請して記念集会を開催した。六〇周年の二〇〇八年は、事務局がセンターではなく長田の金信鏞さんらが中心となって組織され、二〇一〇年八月には「校名碑」を完成させた。

その他にも全国的なネットワークの事務局もいくつか担っている。一九九〇年から九九年まで毎年開催された「朝鮮人・中国人強制連行・強制労働を考える全国交流集会」の事務局もセンターにおかれた。第一回の集会は愛知県（名古屋市）で開催され、以降、第二回兵庫県（西宮市、神戸市、一九九一年）、第三回広島県（呉市、一九九二年）、第四回奈良県（信貴山王蔵院、一九九三年）、第五回長野県（長野市松代町、一九九四年）、第六回大阪府（高槻市、一九九五年）、第七回岐阜県（岐阜市、一九九六年）、第八回島根県（松江市、一九九七年）、第九回石川県（金沢市、一九九八年）、第一〇回熊本県（熊本市、一九九九年）と開催された。

この交流集会の継続ネットワークともいえる「強制動員真相究明ネットワーク」が、二〇〇五年一二月に結成された。韓国政府が日帝強占下強制動員被害真相究明委員会を作り活動を開始した。本来なら日本政府も同様の委員会を作って調査すべきだがそのような状況にない日本において市民サイドでネットワークを作ったのである。今年（二〇一五年）は山口県宇部市で集会、長生炭鉱でフィールドワークをおこなったが、毎年春に研究集会を開催している。

もうひとつ今年盛り上がったプログラムに「SCM（キリスト教学生運動）生野・釜ケ崎現場研修」がある。生野は在日朝鮮人多住地域、釜ケ崎は労働者の街として知られている。学生を中心に募集し三月初めに三泊四日で行われるものだが、一九七九年から始まったもので今年は三七回目である。この事務局もセンターにある。近年参加者が減少していたが昨年あたりから回復し、今年は一三名の参加者があった。意識も高いし積極的だ。研修生が次回のスタッフになるというスタイルもできてきて来年の開催も楽しみになっている。キリスト教に特段の拒否反応がなければOK、ぜひ参加してほしい。

「強いネットワーク、軽いフットワーク」

いろいろと書いてきたが、神戸学生青年センターは、この間、コリアをめぐる市民活動に一定の役割が果たせたと思う。私自身、学生時代からセンターに出入りしておりアルバイトもさせてもらっていた。そしてそのアルバイト時代に、無事卒業したら正式に職員として採用してもらう約束までとりつけていた。そして採用していただいた。感謝している。他の仕事についていたらどんなことをしていたか、想像もできない感じだ。

どのような活動にも人、物、金が必要だ。センターにお金はないが、貸会議室・宿泊施設を運営しているのでスペースはある。それなりのコピー機、印刷機も備えている。先の市民活動の事務局を引き受けるときも、センター事務室はほぼ年中無休で電話も朝九時から夜一〇時まで対応している。専従スタッフ（私を含めて四名）もいる。市民活動の拠点としての能力が高いと思う。

今回、原稿依頼をいただいたお蔭でいろいろ思い出しながら、資料をひっくり返しながら書いてみた。お蔭様で私自身のいい振り返りになった。センターは「出会いの場」だと言われてきた。人と人が出会い、人とテーマが出会い、テーマとテーマが出会う。例えば長く続いている食料環境セミナー関係での韓国カトリック農民会との交流では、朝鮮語講座のメンバーが接待・通訳をかってでることもある。いい意味で錯綜しているのだ。センターを通していろんな出会いがあるとすれば、これほど嬉しいことはない。

センターも関係している阪神淡路大震災後の外国人支援ネットワーク（ＮＧＯ神戸外国人救援ネット）ニュースのバックナンバーをみていたら、こんなのがあった。

「強いネットワーク、軽いフットワーク」

これは、いい。これからもこれでいきたいと思う。

（『抗路』一号、二〇一五年九月）

第二章　〝昭和天皇の死〟と朝鮮

一、天皇の死と朝鮮

天皇の死の波紋

一九八九年一月七日、天皇が死んだ。日本の新聞は一斉にその死を報じたが、いずれも天皇の戦争責任を真正面から論じたものはなかった。特に、死後一週間ほどの新聞は「これが公正を旨とする」新聞か、と思わせるほど画一的なものだった。

一方、諸外国の反応は、右のような日本の新聞報道に比し、私たち日本人に過去の戦争のこと等を考えさせるものが多くあった。ただ、日本の新聞の中には外国の報道を一切報道しなかったのがあったと聞いてあきれてしまったが……。

中でも目についたのが、ニュージーランドの国防相の「ヒロヒトは第二次大戦が終った時点で公開の銃殺刑か絞首刑にされるべきだった。ニュージーランドが国家としていかなる形でも弔意を表明することは不快極まりない。むしろ四〇年前に処刑の立会人を派遣すべきだったのだ」というものだった（『毎日新聞』一月一一日）。この発言は後にニュージーランドの首相によって取り消された形になったが、「さすがアメリカの核の持ち込みを許さないニュージーランドらしい」と思ったものだった。

またイギリスの反応もおもしろかった。王室が葬儀に参加することに関してイギリス国内から反対意見が出てきたが、その理由は、イギリス兵が第二次大戦中、日本兵にインドシナ半島などで捕虜として虐待された事実に関連したものだった。この報道を聞いていまさらながら、太平洋戦争の「大きさ」を思わされた。また、『タイムス』（イギリス）の「ヒロヒトが戦後も天皇でありつづけたことは、日本人の戦争への罪悪感を軽減させ、西独がいまも悩んでいるような過去へのこだわりから解放することになった。西欧の目には、これは集団的な責任隠しとも映る」という指摘はとても鋭いと思う。（『朝日新聞』一月一一日）

さらに、天皇の死の前、「下血吐血」と騒がれていた時期に、香港の新聞だったと思うが、天皇が「吸血鬼」だというのがあった、それは、多量の輸血をしていることと、戦前のアジアへの侵略行為を合わせて批判したものだった。なるほどと感心したりしていたが、その頃、病院勤務の友人から「輸血の量」に関する話を聞いて、先の「吸血鬼」批判が、なるほど！　と改めて思った。それは次のようなことだった。

保険のきく医療というのは一定の制限が課せられており、無制限に輸血することなど許されていない。死ぬとわかっている人に何万ＣＣも輸血すればそれは「注意」されることになり、保険ではその費用は支払われない。従って、お金のたくさんある人が自費で輸血をすることになり、一般人、すなわち、あなたがたは彼のように長く生き長らえない、というのである。

「崩御」と「死亡」

韓国での反応はどのようなものであるのかが気になり、韓国の新聞の社説などを読んでみた。

ヒロヒトは二度
ひざまづいた
一度は将軍に〈降服文章〉
一度は大王の前に〈エンマ国〉

（『ハンギョレ新聞』1.8）

陛下におかれましては、生前、生物学がお好きであられたようですが？

（『ハンギョレ新聞』1989.1.8）

それは、一言で言うなら、天皇の死に関してはクールであり、天皇の戦争責任に関してはシビアであるということだ。上の漫画（『ハンギョレ新聞』一月八日）が、なによりもそのことを雄弁に物語っている。生物学が専門だという天皇が大きな虫メガネで観察しているのは侵略の犠牲となった人々の頭蓋骨であり、バックには原爆があり、韓国と台湾の国旗がある。まさに昭和天皇の「姿」を象徴している漫画である。そういえば、日本のマスコミには天皇の死に際して漫画がなかったなぁ、と考えさせられた。

侵略を受けた国の人々が昭和天皇に対して感じることと日本人が感じることに、隔たりがあることは当然である。日本の新聞は一月七日の夕刊で、一斉に「天皇崩御」を報じた。

崩御という言葉は特別な言葉で、天皇の死に際してだけ使用される言葉だときいた。おそらく日本語のランクとしては、死者の地位あるいは死者への尊敬の程度により、崩御、逝去、死亡ということになると思うが、韓国の新聞は一斉に「死亡」と報じた。神戸学生青年センターの朝鮮語講座の同級生で韓国留学の経験のある斎藤氏は、韓国で「死亡」という表現は、友好国の首相の死などに際しては用いられないという。非友好国の首相の死のとき等に使用され、例えば独立運動家が死んだときなどには「別世」と使われ、一般的には日本語と同じように「逝去」と使われるのが普通ではないか、という意見だ。韓国からの留学生にも聞いてみたが、この「死亡」という表現には、確かに日本の朝鮮を植民地支配したという歴史が関係しているだろうということだ。そう思って韓国の新聞を見てみると、例えば、「在仏画家・李應魯翁別世」(『朝鮮日報』一月一一日)、「超現実主義画家・ダリ翁別世」(『東亜日報』一月二四日)とある。

「戦争責任」論

本稿では、韓国で発行されている新聞の社説を中心に紹介し、昭和天皇の死が韓国でどのように受け止められたかを考える材料としてみたいと思う。

『東亜日報』は、一月九日の社説で、次のように述べた。

「ひとことで彼が主導した時代は帝国主義の勃興と敗残、そして戦争と平和が交錯した激動と分岐の時代であった。その渦巻の核心にヒロヒトがいたことは勿論である。したがってわれわれは、彼の訃報に感傷的な哀悼をおくる前に、彼が導いた時代をふりかえり、また天皇制の歴史的責任を問うほかないのである。」

あるとき力で世界を征服しようとした

敗亡後

財閥に変身 金で世界を征服中

彼も行くときは行く人だなあ

（『朝鮮日報』1.8）

また、『朝鮮日報』一月八日の社説は、次のように主張している。

「一九四〇年、彼の命令により実施されることになった朝鮮人に対する徴兵令、つづく徴用令によって徴用された韓国人は二百万程と考えられる。その内どれくらいの人が犠牲になったかは公式集計がなく、犠牲者たちに対する公式あるいは非公式な補償を受けたことがない。広島に投下された原爆により犠牲となった二〇余万名のうち一割以上が韓国人であったという推計をすることもせず、中国や東南アジアに連れて行かれた韓国の若者たちがどれほど死んだのか、それさえも日本政府は最後まで後始末することもなかった。（略）（天皇は戦勝国であったアメリカへの訪問はしたが）彼の名前によって征服され蹂躙された国に対しては何等の言葉さえ残さなかった。彼は生前にアメリカやイギリスに対してより、到底推し量ることができないほどの苦痛を強要された韓国や中国を訪問してこそ反省の意思を表することになると考えなかった。彼の名前により侵略が強行された韓中の二国が一九六五年と一九七二年に各々、新たに日本と国交を樹立したとき、彼はなにも言わなかった。」

いずれも一様に、天皇の朝鮮植民地支配の責任および戦争責任を明確に論じている。

昨年（一九八八年）、韓国民主化の流れの中で創刊された『ハンギョレ新聞』は、「ヒロヒトが天皇として日本国民に残した功罪に関しては評価と判断を留保する。それは国民がすることだ」

とした上で、ただ単に天皇の戦争責任を論じるだけでなく、より広く朝鮮の統一問題をも視野にいれ、次のように主張している。

「日帝の犯罪は今日、南北に分断されたわが民族全体に対する犯罪である。したがってヒロヒトの『遺憾』が真正なものであったなら、日本政府は当然に北側の同胞に対しても南に対してと同じように謝罪とともに物質的補償をしなければならないのは当然である。」

ここでは、先の『朝鮮日報』が、植民地支配の清算がなんらなされていないことを指摘しながら、日韓条約に関連しては、ぼやかして表現しているのに比べ、明確に日韓条約が単に朝鮮半島の南半分の韓国とだけ結ばれた不充分な条約で、全斗煥の日本訪問に際しての天皇の「おことば」にしても、北朝鮮に対しては全く行われていないことを主張している。

李奉昌と昭和天皇

もう一誌、おなじく韓国の民主化の過程で、カトリック教会によって創刊された『平和新聞』は、「歴史の責任とヒロヒトの死」と題する一月一五日の社説の最後の部分に、「韓国人はだれでも李奉昌義士の墓に参拝したのちに惰弱な人間ヒロヒトの死を考えなければならないのである」と書いている。

借りも、かえさずに！　（『朝鮮日報』1.8）

「李奉昌義士の墓に参拝したのち」という李奉昌とは、一九三二年一月八日、陸軍の観閲式の帰途、桜田門前で天皇に手投げ弾を投げつけた朝鮮人のことである。「桜田門事件」ともいわれているもので同年処刑されたが、彼の行為を、当時、上海の新聞が「不幸にして当たらず」と報じたため大きな問題となった事件である。

　このように韓国の新聞は一様に昭和天皇の戦争責任、植民地支配の責任を鋭く指摘しているが、日本の場合はどうであろうか。

　昨年（一九八八年）一一月、長崎の本島市長の戦争責任発言が大きな波紋を広げたことは記憶に新しい。自民党が中央からも圧力をかけたし、右翼は脅迫を繰り返した。日本の世論は二分されたというより、天皇の下血、吐血のニュースのなかで、長崎市長の発言を正面きって支持することが憚られるような雰囲気さえ感じられた。天皇の戦争責任を論じる学者に脅迫状が届けられるという記事も眼にした（『朝日新聞』一月七日）。

「歴史は歴史」

ここ一週間ほどはマスコミも少しはましになってきたが、当初は本当にひどかった。歴史をねじまげようとする報道は、昭和天皇の個人的性格をとりあげ、それが善良なものであって、ただ天皇は軍部に利用されたということを強調することに主眼があったようだ。例えば、『朝日新聞』は一月一一日に故入江侍従長の『日記』を生前からその版権を取っていたことを明らかにし、その翌日から連載を開始した。そしてそのエッセンスを報じた記事の中で、一九八二年の「教科書検定事件」のとき天皇が、「朝鮮に対しても本当に悪いことをしたのだから」と言ったことなどを紹介している。天皇個人が「善良」であっても、彼の戦争責任とはなんの関係もないことは明らかであるが、ことさら「善良さ」を強調している。

また、一月一二日の『神戸新聞』はソウルの共同通信電として、元駐日韓国大使・崔慶録が、一九八〇年、天皇から直接「過去、ご迷惑をかけて申し訳なく思います」という発言を聞いたということを発表し同様の効果をねらっている。

雑誌『世界』二月号の米倉明氏の「Z先生への手紙――一市民の野蛮な問い」を非常におもしろく読んだが、中でも次のくだりは全く同感である。

「天皇は軍のいうままにうごかされていたのでしょうか。そうだとしても決定権はもっていた以上、責は免れようがない。社長が文書の内容を吟味せずに判をついたからといっても、責任を免れないのはいうまでもないからです。これを要するに、あれは下の者がしたことで、自分は知らないのだといっても、だからといって、上の者は責任を免れようがないということです。」

天皇の死亡の日の『神戸新聞』朝刊は、「竹下首相、リクルート、一万二千株」の見出しが第一面に踊っていたが、その記事と天皇の死のタイミングを結びつけたのはわたしひとりだろうか？「下の者がしたことで、自分は知らない」というのもなにやら似ている。

「天皇は戦争責任なし」
また、同じ手口でいくのか。
（『朝鮮日報』1.10）

竹下「謹話」の波紋

竹下首相は天皇の死亡当日、「謹話」を発表したが、その中で「お心ならずとも勃発した先の大戦」と述べた部分について、日本国内では直後には問題とならなかったが、韓国ではすぐその翌日、各紙が天皇の「戦争責任否定発言」として大きく報道された。例えば、『東亜日報』は、一月九日付の一面で「日本政府、日王に戦争責任ないとの談話」

と大きく報道した。

日本では、このような韓国での反発に「(『お心ならずとも』の部分は)いわゆる戦争責任を念頭に置いたものではない。先の大戦が悲しむべき惨禍をもたらしたことを言ったと考える」と小渕官房長官が弁解したり(一月一〇日『朝日新聞』)、あるいは、「戦争責任と結びつけた批判は飛躍しすぎた」と自民党首脳が反発したり(一月一一日『朝日新聞』)という具合だった。

また、日本ではほとんど問題とならなかったが、宇野外務大臣がロンドンでの記者会見で「天皇が側近の反対を押し切って終戦を決定した」と発言したことも問題となり、一月一三日の『朝鮮日報』には、「日本宇野外相もヒロヒト讃揚」と報じられている。

社会党にもの申す

すこし横道にそれるが、昭和天皇の戦争責任との関係で、とても気になるのが日本社会党の態度である。私は、一月二五日の朝、新聞記事を見て、本当に怒った。社会党が天皇の責任を認めないのである。一月一九日、社会党の土井たか子委員長は記者会見で、「戦争責任はある。軍部、政府の独走があったにしても、天皇の名において開戦し、戦争へ国民を動員した」と天皇の戦争責任を明確に認める発言をした(一月九日『毎日新聞』)。それを社会党の山口書記長が、先の土井委員長の発言が憲法学者としての個人的見解であるとし「太平洋戦争の開戦の詔勅は天皇の名で出されたが、その責任は輔弼《ほひつ》した各大臣にある」と否定したのである(一月二五日『朝日新聞』)。

昭和天皇の戦争責任は明白であり、それを否定することは決して許されることではない。

『ハンギョレ新聞』は昭和天皇の死に関する二度目の社説「ヒロヒトは明らかに戦争犯罪者」の中で、次のように昭和天皇の戦争責任について主張している。

「死亡したヒロヒトの初期在位期間（一九二六〜四五年）は、天皇に絶対権力を付与した明治憲法によって『日本国の主導者は天皇』であり『日本軍の総司令官は正に天皇』であった時期だ。それゆえ戦争の責任は当然天皇に帰せねばならない。ヒロヒトに戦争の責任がなく、彼はむしろ『世界平和に献身した』という詭弁は、八・一五以前の侵略戦争それ自体を否定するものに他ならない。日本支配勢力の歴史認識が『侵略戦争即平和』式のものであるなら、今後の日本の対外政策がどのような方向に進んでいくかは火を見るより明らかだ」

日韓条約のウソ

敗戦後、植民地支配にたいする清算は、今に至るまでなされていない。一九六五年の日韓条約では、日韓両国の政府が両国の民衆をだました。それは、基本条約第二条の「日韓併合条約」は「もはや無効である」とされたとする「もはや」の意味の問題である。この「もはや」は、正文の英語ではalready、朝鮮語では「이미《イミ》」である。日本政府は、「日韓併合」は条約の結ばれる一九六五年の時点では無効であり一九一〇年当時には合法的なものであったと説明し、したがって、

支払うお金は賠償金でなく独立祝金（経済援助）だという。一方、韓国政府は、「日韓併合」は一九一〇年に遡って無効であり、非合法な植民地支配に対して日本政府は謝罪したというのである。双方の国民を納得させるために両政府がお互のウソを認めるということで日韓会談が決着したのである。また日韓会談は、先の『ハンギョレ新聞』が指摘したように、朝鮮半島の南半分とだけ結んだものであるということも忘れてはならないことである。（韓国との戦後補償問題は終わったわけではないが、『朝日新聞』一月一七日の社説「育てたい日韓打開の芽」の「戦後半世紀近くになったいまでも、朝鮮半島の北半部に対して、日本は戦後処理を終えていない。けじめをつける責任は、植民地の歴史を強いたわれわれにある」という主張はこの限りにおいて評価する）

まだわれわれの記憶に新しい一九八二年の教科書検定問題のときも、この「合法・非合法」の問題が基本であった。すなわち、日本政府は朝鮮の植民地支配が合法的なものであったという線は決して崩さなかったのである。それは例えば、中国人の強制連行については認めても、朝鮮人の強制連行についてはあくまで国民徴用令にもとづく合法的な徴用であるとしたことなどにもあらわれていた。

朝鮮の植民地支配が非合法的なものであり、当然に、日本にはそれに対する「補償」をする義務がある。一九六五年の日韓条約も、充分なものではないし、朝鮮民主主義人民共和国に対しては全くなにもなされていないのである。昨年（一九八八年）一一月、民闘連（民族差別と闘う連絡協議会）が「在日旧植民地出身者に関する戦後補償および人権保障法」を発表したが、それは戦後補償の問題を前面にだしている。アメリカ、カナダでの太平洋戦争の日系人収容に対する補償を求める法案が相次いで成立したが、日本においてもようやく、戦後補償の問題が本格的に取り上げられていくことになるであろう。

「恩赦」と「指紋」

さて、天皇の死と朝鮮についてあれこれ書いてきたが、最後に「恩赦」のことを書かなければならない。

恩赦とは、「刑罰を特別な恩典によって許し、または軽くすること。内閣が決定し天皇が認証する」ものだという。昭和天皇の死によって恩赦がなされると新聞発表があり、その「目玉商品」として外国人登録法の指紋押捺拒否罪があげられている。恩赦ではよく選挙違反者がその対象となり、「お手盛りだ」と槍玉にあげられる。押捺拒否罪には最近「執行猶予付の罰金刑」が出されている。これは限りなく無罪に近い有罪ということらしい。現在、裁判中の三三人の「被告」はすべて更新時の指紋押捺を拒否したもので、昨年（一九八八年）六月の改訂により一六歳の初回のみの押捺義務となったため、もはや「再犯」しようにもできない人々で、「執行」が「猶予」されるのは確実なのである。

在日朝鮮人に対する差別の象徴としての指紋押捺義務が、憲法違反であるとして、それぞれ裁判をしているのである。政府は外国からの批判をかわせるので、裁判所はカッコの悪い「執行猶予付の罰金刑」を出さなくていいので、警察・検察は目の上のタンコブである数百人の「未処理拒否者」が一挙になくなるので、それぞれ大喜びである。

兵庫では、一月二三日（一九八九年）、梁泰昊氏の指紋裁判が結審した。二月二四日の「恩赦」の日までに判決を出すよう再三要請したが、公判後、「おって……」とボソボソ言って消えてしまった。後日、判決日を指定するということらしい。恩赦で「許す」とは笑止千万、それも戦犯天皇の死による恩赦である。当たり前と言えば当たり前であったのかもしれないが、昭和天皇は、その死によっても権力に利するものであった。

（『むくげ通信』一一二号、一九八九年一月。むくげの会『新コリア百科―歴史・社会・経済・文化』明石書店、二〇〇一年二月に再録）

二、天皇の「お言葉」問題、その後

はじめに

一九九〇年五月二四日、韓国のノ・テウ大統領が日本を訪問した。その際、焦点となっていた天皇の「お言葉」は「痛惜」というものだったが、この「お言葉問題」を通して、日本の朝鮮植民地支配の問題が、論議されたということではよい機会であった。日本が、かつて朝鮮を植民地として支配したことが事実で、日本はそれに対して、謝罪し償う必要があるのだが、それが基本となっていないことが、現在の日韓関係に大きな影を落としている。

「もう、１ミリ下に向くようにして、横に！　煙幕は適当に、顔は隠すように！」
「あやまるのも、たいへんだなあ」
（『ハンギョレ新聞』5.24）

今回の、全体的な流れは、つぎのようなものであったと思う。すなわち、五月初め、ノ・テウ大統領の訪日が日程的にもつめられる中で最初に、訪日に際して解決されなければならない問題点として、「協定産三世」の問題がクローズアップされた。そして、五月中旬頃になると、「協定三世」問題は解決したような雰囲気となり、天皇の謝罪問題が中心課題となっていった。

その後、天皇の「お言葉」の波紋は、日本の教科書における植民地支配記述の問題、強制連行の名簿探しなどに広がっていった。

本稿では、韓国での報道なども紹介しながら、今回のノ・テウ大統領の訪日を契機に論議された諸問題について考えてみたい。

「協定三世」の問題

最初に「九一年問題」といわれている、いわゆる「協定三世」の問題について最初に考えてみたい。この問題は、大統領訪日までの宿題のひとつであったが、四月三〇日の日韓外相会談の合意文としてこの新聞記事のように報道された。結局、訪日時の会談においてもこの域を出なかったが、結論的に言って、前進は何もない。

三十日の日韓外相定期協議での合意文の要旨は次の通り。

合意文の要旨

在日韓国人の法的地位協定第二条の対象者（三世以下の子孫）に関しては、以下の方向で法的地位・待遇問題の解決をはかる。

▽簡素化した手続きで羈束的（きそくてき＝裁量の余地なく）に永住を認める。

▽退去強制事由は内乱、外患の罪、国交・外交上の利益にかかわる罪と、これに準ずる重大犯罪に限定する。

▽再入国許可については出国期間を最大限五年とする。

▽指紋押なつは、三世以下は行わない。このため指紋押なつに代わる適切な手段を早期に講ずる。

▽外国人登録証の携帯制度は三世以下子孫の立場に配慮した適切な解決策を見いだす。

▽教育問題、地方公務員・教師の採用問題、地方自治体選挙権問題は今後とも協議を続ける。

1990年5月1日付神戸新聞

マスコミにおいても用語の問題として、若干の誤解があったが、「協定三世」というのは、一般的によく言われる在日朝鮮人三世と別のものである。正しくは「協定第三世代」と言うべきもので、現在、四名誕生しているといわれる「三世」は、一般的には、在日朝鮮人四世あるいは五世にあたる。「協定第三世代」の問題というのは、一九六五年の日韓条約時に結ばれた在日韓国人の法的地位協定に関係する問題である。この法的地位協定による永住権（協定永住）の取得は、第二世代までに限られることから、第三世代がどのような在留資格となるのかが注目されるところとなったのである。協定の第二世代は、協定の条項により一九七一年一月一七日以降生まれの者となり、従って第二世代が二〇歳になって子供を生むとすると一九九一年頃に第三世代が誕生するのである。勿論、一八歳、一九歳でも出産するのですでに新聞報道によればすでに四名生まれているのである。

協定二条に「協定の効力発生の日（一九六六年一月一六日）から二五年が経過する時までは協

韓国人三世の指紋捺印問題を…
三世以外については…
撤廃するという血書を！
ちょっと！
指紋捺印を

（『朝鮮日報』4.30）

議することに同意する」と定められていることから、その協議が始まったのである。在日韓国人の間からは、協定永住を子々孫々まで与えよ、指紋押捺制度を廃止せよ等の要求がなされたのは報道されたとおりである。

私は、新しい日韓法的地位協定を締結あるいは改訂して、現在の協定永住を第三世代にも与えよというのには反対である。日本政府が、国内問題として、朝鮮植民地支配の謝罪を前提に、全ての在日朝鮮人に特別な外国人としての地位を保障すべきだと考えている。例えば、一昨年民族差別と闘う連絡協議会（民闘連）が発表した「旧植民地出身者に関する戦後補償および人権保障法（案）」のような特別立法を作ることが必要であると思う。

今回の「合意」の中で指紋押捺については、第三世代からは新しい方法を考えて、指紋押捺を免除するとしている。一九八〇年代に闘われた指紋押捺反対闘争はここでは完全に無視されている。よく知られているように現行法では指紋押捺義務が生じるのは一六歳からで、今二歳の協定永住第三世代は一四年後に一六歳になった時、指紋を押さねばならない。その時までに別の方法を考えるということで、問題を先送りしただけのことである。まして、いま誕生しつつある協定永住者の子供は、親の年齢からそのほとんどが「協定第二世代」で、これから二〇年間ほど次々に一六歳になる在日韓国人には引き続いて指紋押捺義務が存続するのである。また、現在の外国人登録法の指紋押捺制度、常時携帯義務、重罪規定は全く手をつけられなかったし、公務員採用、地方自治体参政権などの問題も特別の進展はなかったのである。

「お言葉」問題

天皇の「お言葉」については、先の全大統領訪日の際、昭和天皇が、「今世紀の一時期において両国の間に不幸な過去が存したことは誠に遺憾であり、再び繰り返されてはならないと思います」と主語（＝責任）のない発言をした。今回それがどのようになるかが注目された。

このような発言自体が政治的発言であるが、今回、日本国憲法との関係で、天皇の政治的発言との関連でも論議された。自民党は、天皇が政治的発言をできないという論理から天皇の謝罪発

韓国、全大統領訪日、「不幸な過去を遺族に…」

韓国、ノ大統領訪日、「不幸であった過去を心痛く…」

過去にたいして、本当に申し訳ないという言葉はいつ？

それは私の息子が、王になった頃

（『朝鮮日報』4.30）

言を牽制した。例えば、坂本官房長官は「日本は象徴天皇制であり、憲法は国事行為を厳しく限定している」と発言している（『神戸新聞』一九九〇年五月一五日）。また、日本の憲法学者の間でも、天皇の政治的発言について、例えば「例外を認めれば、それが前例となる。やはり、日本全体の代表として首相が適切に対処するのが望ましい」（芦部信喜、『朝日新聞』五月一五日）のような消極的な意見が新聞に掲載された。ここには、①植民地支配の謝罪、②天皇の政治的利用というふたつの問題があり複雑である。日本における天皇制復活の問題ともからんで、ともすれば日本の民主的人士が天皇の謝罪発言に消極的という印象が韓国に伝えられる面もあったかもしれない。五月一六日の『神戸新聞』の社説「『過去の清算』は国民代表で」は、その点のことを整理した上で、「象徴天皇制のあり方について正しい理解を各国、殊に韓国民に求める努力を怠ってはなるまい」と書いてある。私は、アジアの人々に対して戦前戦後の天皇制の違いだけを強調するのも問題であるが、日本における運動のあり方としては、戦前のような天皇制を復活させないために、そのことは踏まえておくべき点であると考えており、その範囲で妥当な意見であると思う。

私は、基本的には日本国民の意思として、国会決議のような形で、謝罪の意思を表明するのがスジだと考えている。国会決議に関しては、五月一四日、社会党の土井委員長のパリでの記者会見での提案として、日本のマスコミでも取り上げられた。同日、海部総理は「日韓共同コミュニケや日中共同声明で、過去の歴史を正しく認識し、反省して再び繰り返さぬ決意を内外に表明している。国会の問題は各党各会派の話し合いで決めるべきものだ」と消極的に述べている。ちなみに、日韓共同コミュニケというのは一九六五年の日韓条約当時のもので、「李（東元）外務部長官は過去のある期間に両国民に不幸な関係があったために生まれた、韓国民の対日感情について説明した。椎名外務大臣は李外務部長官の発言に留意し、このような過去の関係は遺憾であって、深く反省していると述べた」というものだ。これまたどのような事実に対して反省しているのかわからず、「過去の歴史を正しく認識」しているとは言えないものである。

小沢幹事長の「地べたにはいつくばったり、土下座する必要はない」という暴言が飛び出したのも、偶然ではなく、自民党が天皇の政治的発言ということで牽制したように、基本的には謝罪したくないし、謝罪しなくていいと考えていることを示している。

そして、今回の「お言葉」である。

ノ・テウ大統領訪日の直前まで、「『日王謝過水準』最後の段落まで神経戦」（『東亜日報』五月二三日）というように韓国でも報道された。結局、外交交渉で、少し「高」レベルで天皇が謝罪し、それを海部総理および国会議長が補足するということで話し合いがなされ、大統領の来日となった。

「痛恨の念を禁じえません」

その路線にたって海部総理は、「過去の一時期、朝鮮半島の方々が我が国の行為により、耐え難い苦しみと悲しみを体験されたことを謙虚に反省し、率直におわびの気持を申しのべたい」、桜内衆議院議長は「歴史の一時期、わが国が貴国及び貴国民に対し、多大のご迷惑をおかけしたことは、誠に遺憾に存ずる次第である」（『朝日新聞』いずれも二五日）と発言した。

そして、このような準備の中で天皇の「痛惜」なる「お言葉」が登場した。すなわち、天皇は「我が国によってもたらされたこの不幸な時期に、貴国の人々が味わわれた苦しみを思い、私は痛惜の念を禁じえません」と発言したのである。

痛惜の念　日王

痛惜の念、痛惜　韓国国民

韓国政府（中央）

「痛惜」というのは、骨髄にしみて悔いる…
骨髄にしみて、骨髄にしみて、骨がしびれる
ああ、骨がしびれてきた。ほんとうに大きな
反省となった。　（『ハンギョレ新聞』5.29）

韓国では、上の漫画が示すように、余りにも耳慣れない言葉そのものにあきれたという報道だった。日本と韓国の官僚が、それぞれの説明でそれぞれの国民を納得させるために一生懸命考え出した言葉だろう。五月二六日の『朝日新聞』社説「『痛惜』を哀惜に思う」では「いく人かの政府の高位官吏が『痛惜』をどのように解釈するかそれは自由だ。しかしわれわれは、これによって謝罪問題が一段落したという主張は決してそのまま受け入れることはできない」と述べている。また、『ハンギョレ新聞』社説（五

月二九日）「日本の『痛惜』は率直ではない」で「日本が加害者と被害者を明らかにし『遺憾』を『痛惜』に変えたことは、前王の姿勢より一歩踏み出したことは明らかだ。しかし、過去わが民族に到底口では表せない苦痛を負わせた日本の王が『謝罪』することが、せいぜいこの程度であったのか」とも述べている。

　思い起こすのは、六五年の日韓条約のときの「もはや」という言葉だ。当時、「日韓併合」をどのように扱うかが大問題となったが、官僚が「日韓併合条約がもはや無効である」という文章の、「もはや」の意味を日本と韓国でそれぞれの民衆に使い分けて説明することを思いついた。この「もはや」は、正文の英語では、alreadyで、朝鮮語で「이미《イミ》」とした。日本側としては、「もはや」は、六五年を基準に考えたもので、その時朝鮮は日本の植民地でないから日韓併合条約も無効（自然消滅？）であるという。すなわち一九一〇年当時は合法的な併合であった、ということがいいたかったのである。

　一方、韓国では、そんな説明が通るわけがないので、「이미」は、併合時から無効、すなわち、非合法的な併合であったということにして説明した。日韓併合が合法か非合法かは、まさに大問題で、非合法併合なら賠償金を払うということにもつながる問題でもある。この五月一七日の衆議院予算委員会でも福田外務省条約局長は、「日韓併合条約の評価は政治的、道義的にはいろんな意見があるが、公的な評価は日韓基本条約二条で『もはや無効』ということで両国間で合意している。これ以上せんさくするのは適当でない」（『朝日新聞』五月二三日）と従来の主張を繰り

返している。

今回の「痛惜」についても、日本側と韓国側との説明は微妙にニュアンスが違っている。日本側は、「『謝罪』は象徴天皇の枠を踏み出すが、不幸をもたらしたのはだれか、という客観的な責任を示すことは許される、との判断だった」（『朝日新聞』五月二五日）という。一方、韓国側は、「過ぎ去った日の誤った過去が日本の行為によって招来されたということを率直に認定し、わが国民が経験した苦痛と悲しみに対して率直に謝過し反省したものと評価する」（李秀正青瓦台スポークスマン、二五日、『朝鮮日報』）としている。日本側は「謝罪」でないといい、韓国側は「謝過」であるといっているのである。

「今世紀の一時期、不幸な過去に対して、心痛く考えています」
「誰が、どんなことをしたのかは知りませんけれど…」　（『ハンギョレ新聞』5.26）

さらにノ・テウ大統領は二五日の韓国特派員団との記者会見で、「お言葉」について、「国内的制約を少し超えたと思えるほど明白な謝罪であり（韓日間の）核心問題はかたがつき、解決されたと思う」あるいは、「非公式、公式の発言をみると（天皇は）首相の謝罪と同じ認識と確認した」（『神戸新聞』いずれも二六日）と発言している。

ノ・テウ大統領においては、天皇が「痛惜」

し、海部総理が「率直におわび」したことを、「明白な謝罪」と韓国の国民に意識的に宣伝しているのである。五月二六日『ハンギョレ新聞』社説「『痛惜』という表現の以前と以後」では、いみじくも「日本側が『痛惜』を『心痛く思う』と解釈しているのに比べわが国が『骨髄にしいて悔いる』と受け取ったということは、過大包装に近く自己慰安と国内宣伝用であるという嫌疑が濃い」と指摘している。

また、今年（一九九〇年）が一九八〇年の「光洲事件」にたいする謝罪とひっかけられて、たとえば前頁の漫画のように揶揄されている。

教科書問題

今回、「お言葉」の波及効果が予想された文部省の反応は速かった。一九八二年の「教科書問題」の時の「教訓」を生かし、韓国側からの批判が集中する前に、教科書を訂正する必要はなく現在の教科書を使って「一層適切に」教えることだけで充分であることを強調するのにやっきであった。

五月二五日には海部総理が「教科書には日韓共同声明なども書いてある。現場の先生にも、そうした認識をもってもらう、ということだ」と記者会見で述べると、二八日、保利文部大臣は参議院予算委員会で、歴史教科書では日本が行なった日本語の強制使用や創氏改名、強制連行などがすでに記述されていることを強調し、「先生方にきちんと教科書に基づいた考え方を希望している」と、教科書を特に改める必要はなく、学校での考え方の問題だと発言している（『朝日新聞』五月二六日、三〇日）。

一九八二年の教科書問題の時、強制連行に関して、例えば次のように検定したのである。

【検定前】一九三九年〜四五年に少なくても六〇万人以上の朝鮮人、約五万人の中国人が強制連行された。

【検定後】日本本土に連行され、強制労働をさせられた中国人も約四万人を数えた。……国民費用令により、多数の朝鮮人が内地に連行され、鉱山などで使役された。（実教出版『日本史』、『季刊三千里』三二号より）

ここでは明らかに、朝鮮人の強制連行について否認している。中国人については非合法的な強制連行をしたことを認めているが、朝鮮人については合法的に法律によって合法的に徴用したというのである。今回の天皇の「痛惜」発言あるいは海部総理の謝罪発言が、初めてなされたことを考えるなら、小手先だけの指導方法の改善（?）などですむ問題ではなく、教科書を改める必要があるはずである。それをしないため、あるいは、改めて、日本の教科書が点検されることを畏れて、機先を制したつもりなのである。

戦後処理問題と強制連行

海部総理の、日本政府としての謝罪発言は、改めて日本の朝鮮植民地支配の責任を浮び上がらせた。未済の戦後処理問題も当然浮上する。韓国では、ノ・テウ大統領の訪日前に、太平洋戦争犠牲者遺族会が「徴用・徴兵者の名簿を公開しろ」などのスローガンを叫んでデモをしたり（五月一四日）、在韓被爆者の補償要求が具体的に出されたりしている。

また、植民地支配に対する補償問題の象徴的な問題として強制連行問題がクローズアップされた。

「朝鮮人として、大日本帝国の皇国国民として聖戦に参加するようになったことを祝します」
〝戦死者賠償、日本国籍者に限る〟
「国籍を、とりもどしたら…」
（『ハンギョレ新聞』7.8）

五月二八日に国会で調査を約束し、翌二九日閣議で、政府として調査し統一見解をまとめると発表してから、マスコミでも盛んに取り上げられた。政府は名簿探しを約束したものの、補償問題とは切り離したいということだ。五月三〇日の参議院予算委員会で、外務省の谷野アジア局長が強制連行された韓国人の補償問題について竹村泰子議員の質問に答えて、日韓条約時の「財産および請求権に関する問題の解決ならび

私のかわりに…
（『東亜日報 5.16』）

しても　しなくても
（『東亜日報』5.17）

に経済協力に関する協定」を根拠に、「日韓間では決着済みというのが政府の立場だ」と述べ、個人賠償請求権を否定している。

マスコミは、名簿探しに終始し、数ばかり追うために不正確な記事があったり、すでに明らかになっている事柄を、新発見として報道したりという場合もある。しかし、これを機会に新しい事実が発掘されることはいいことだ。

韓国では、強制連行され松代大本営で働かされた崔太小氏（六八歳）が新たな証言をしている（『朝鮮日報』五月一三日）。

兵庫では兵庫朝鮮関係研究会が精力的に強制連行の発掘作業を行なっているが、同会が企業に対して名簿の公開を要求し、そのことが新聞に報道された。その報道をみた在日朝鮮人が、自分は名簿を出そうとしない神戸製鋼で実際に働かされた金相八氏（六三歳）と名乗りをあげ新しい証言が得られたということもある（『神戸新聞』、『朝日新聞』七月一三日）。

いくつかの報道のなかで七月四日の朝日新聞がスクープした厚生省の倉庫に眠って（？）いた軍人軍属五万人分の名簿の存在が注目された。「ない」といっていた名簿が、存在していたことが重要なのである。やはり、政府は隠しているという印象を与えるのに充分であった。

中国人に関する強制連行は中華民国が連合国＝戦勝国であったということもあり、扱いが朝鮮人とは異なっている。花岡事件についていては中国人の名簿も残っており、今回、連行された本人および遺族の来日を契機に、鹿島建設との交渉が始まった。そして、鹿島建設が謝罪し具体的な補償交渉に入った（『毎日新聞』七月六日）。花岡には中国人だけでなく朝鮮人も強制連行されて働いていたわけで、中国人だけの補償がありえないことは明らかである。この鹿島建設の謝罪は、企業として初めてのものであり、今後、非常に注目されるところである。

また、全国各地で地道な強制連行の事実の掘り起こし作業が続けられてきているが、来る八月二五日〜二六日（一九九〇年）には強制連行についての第一回研究交流集会が名古屋で開かれる。この集会を契機に全国的にさらに強制連行の掘り起こしが進められることが期待される。

おわりに

今回の「お言葉」および海部総理の謝罪発言をどうみるべきだろうか。私は、自民党の本音とは関係なく「謝罪」しなければならない時代となった、世の中は変ったのだとみる。日本も国際社会の一員であり、日本だけが世界の趨勢に反対することができないのは自明のことである。歴史認識あるいは戦後補償の問題も同様である。日本だけが過去の侵略行為をなかったかのようにふるまうことはもはやできないのである。それは、被侵略国との国際関係でできないことであるし、また、国際社会で高い地位を占めたいと願っている日本としては、あまり「非常識」なことはできないのである。政府自民党が認識を改めたかどうかは、はなはだ疑問であるが、もはや過去の侵略行為を正当化できなくなってきているのである。

海部総理は「過去のことは一切終わった」と言い、ノ・テウ大統領もそのように発言している（『朝日新聞』五月二六、二九日）。しかし、そもそも補償の伴わない謝罪はありえない。在日朝鮮人の法的地位問題について、今回もなんら解決していないことはすでに述べた。植民地支配の謝罪のうえにこのことが考えられるなら、在日朝鮮人には特別な外国人として人権保障がなされて当然である。例えば、国民年金法の改正がなされた一九八二年の改正においても、不備な改正であるため実際に老齢年金などが支給されるべき在日朝鮮人一世には支給されていない。先の謝罪のうえに補償という視点で考えるなら、強制連行された世代には一般の老齢年金はもちろん特別な補償がなされるべきである。にもかかわらず老齢年金から切り捨てたことは二重の意味で犯罪的であるといえる。

五月二四日の朝日新聞社説「謝罪発言の後に続くもの」は、「将来この気持を生かすよう努めることだ」という。また、「求められているのは、実行である」とも言っている。しかしそこには「謝罪の後に続く補償」の視点が欠けているのである。

「お言葉」はまだまだ課題を残している。

ノ・テウ大統領は帰国後の記者会見で、協定第三世代の指紋押捺廃止が一世、二世にも及ぶだろうと述べているが、日本政府の側は「検討したい」と言っているだけで、それに関する明言はない。謝罪のうえに立った人権保障というものからほど遠い状況である。また、強制連行に関しては、政府・地方自治体あるいは企業が名簿の公開に消極的である。おそらくそれは補償問題の故であろうと思われるが、公開を渋る側はもはやそのような「非常識」が通用しないことを悟って、資料を公開すべきである。そして私たちは、改めて、戦後四五年も朝鮮に対する植民地支配の責任を問い詰めることができなかったことを反省しつつ、あるべき日本と朝鮮の関係、あるべき在日朝鮮人の姿を追及していきたい。

(『むくげ通信』一二一号、一九九〇年七月。むくげの会『新コリア百科―歴史・社会・経済・文化』明石書店、二〇〇一年二月に再録)

三、昭和の皇民化政策

マスコミによる「情報操作」

今年（一九八九年）一月七日、昭和天皇が死去した。昨年の「下血・吐血」以降、日本社会がいまだに天皇をタブー視する風潮に、私は戦前戦後一貫して変わらないものを感じて、暗澹たる思いにかられていた。一方、アジアの民衆は、昭和天皇のアジア侵略戦争の責任を明確に指摘し、日本社会にあったような「タブー視」はもちろんなかった。

昨秋、香港の新聞が多量の輸血によって命を長らえている昭和天皇を漫画で風刺した。それは病床の天皇が「もっと血を」と叫んでいるものであったが、それは戦前の侵略行為を病床での輸血と重ね合わせて批判しているものであった。

一月七日、八日のマスコミの報道は特にひどいもので、戦前の大政翼賛的報道というのはこんなものであったのかと思わされた。天皇の戦争責任を正面からとらえるものは全くといっていいほどなかった。朝から晩まで同じものばかり見せられた。

七日、八日が土曜日、日曜日ということもあり、また「自粛」の影響で映画館などが休みになったこともあって、テレビにくぎづけとなった人も多かったが、次のような高校生の作文を読むと今更ながらテレビの影響力の大きさにびっくりする（「〈学校＝インサイド・レポート〉生徒たちの『昭和が終わった日』」兵庫県労働運動交流会発行『交流』一九八九年二月号）。

「七日の朝一〇時ごろ寝床で、かすかに天皇崩御のニュースを聞き、この日はあまりはっきりしなかったが、七日から八日にかけて天皇様のテレビばかり見て少しづつ実感がわいてきて、今さらながらテレビの天皇様のカワイサがわかりファンになって、『ああ、もう少し早く見ておくべきだった、知るべきだった』とまずこういう点で後悔の感がわいた（高二・女）」。

また、「あんまり天皇とは関係のない私だけれど気が沈んだ（高二・女）」、あるいは、「元号が〈平成〉になったが、なかなかいいとおもった（高二・男）」というのもある。

この二日間のテレビは、特に昭和天皇の個人としての「人間性」を強調する形で放映されたが、右のような作文を読むと、若い高校生たちに与えた悪影響は相当なものであったといえる。

しかし同じ文章の中にあった「繁華街で見たこと」にはテレビでは報道されない「事実」を教えてもらった。それは大阪の繁華街の中で特に「食いだおれ」として有名な道頓堀での話だが、そこには有名な「食いだおれ人形」がある。七日の夜のテレビでは、いつもは紅白の服を着て太鼓をたたいているその人形が、天皇の死を悼んで黒白の服に着替えて太鼓をたたいている姿を、喪に服する「街の風物」として報道していた。

しかし、「繁華街で見たこと」の作文には次のようにある。

「道頓堀川の橋に行くと右翼の人と警官が集まっていました。〈食いだおれ〉の前の人形は紅白の服でタイコをたたいているので右翼の人にボコボコにされたようです」

夜のテレビでは、黒白の服で太鼓を叩く人形は何度も何度も放映されたが、それが右翼によってボコボコにされたため服を着換えたということは一度も放映されなかったのである。まさに恐ろしい「情報操作」といわねばならない。

皇民化政策

天皇と朝鮮について考えるとき、一般的に天皇の戦争責任といわれていることがらは、朝鮮については「植民地支配責任」というものになるだろう。一九〇五年の「保護条約」あるいは一九一〇年の「韓国併合」が、天皇の名の下になされたことは余りにも明白であり、議論の余地はない。「日韓併合に関する条約」の第一条には「韓国皇帝は、韓国全部に関する一切の統治権を完全且永久に日本国天皇に譲与す」と書かれている。

そして、「朝鮮総督府官制」では、「(朝鮮)総督は天皇に直隷し……」(第三条)と、朝鮮の統治権が時の日本政府とは独立しており、それが天皇に「直隷」していることを明記している。「韓国併合」時の天皇は、明治天皇であることから、天皇の朝鮮に対する植民地支配の責任は、明治・大正・昭和の三代にわたる責任ということになる。

なかでも昭和天皇の戦前の在任期間である一九二〇年代後半から一九四五年八月一五日の日本の敗戦、朝鮮の解放を迎えるまでの二〇年間の、特に「満洲事変」から日中戦争へと侵略戦争が激化する期間は、朝鮮人に対する皇民化政策がより強力に推し進められることになる。

昭和天皇の出発にあたる「御大典」の日には、東京を中心にして当時の社会運動に対して弾圧が加えられた。「李よさようなら、もうひとりの李よさようなら」で始まる有名な中野重治の「雨の降る品川駅」の詩のサブタイトルが、「御大典記念に　李北満　金浩永におくる」となっている。これは中野重治が、予防拘禁によって拘禁され、朝鮮に強制送還される朝鮮人の友人をうたったものである（水野直樹「『雨の降る品川駅』の事実しらべ」『季刊三千里』二一号、一九八〇年二月）。

この詩の状況については当時、無産政党代議士・浅原健三が第一六回帝国議会で「下関から東京までの直通列車に乗るならば、それが、朝鮮人であるならば、何の理由、何の根拠もなきにも拘らず、極端に之を制限さられ居ることを吾々はしる。或は其荷物を点検し、或いは其宿舎を聞き、或いは仕事を聞いて、あらゆる方法に依って御大典中、朝鮮人の入国を阻止せられた……」（一九二九年一月）と語っているほどである。昭和天皇と朝鮮との関わりを考えるとき、天皇としての出発が、このようなものであったのは象徴的なことかも知れない。

朝鮮支配政策は朝鮮人の民族性を抹殺し、「日本人化」させる同化政策を基本としていた。近代の歴史においても植民地をもった帝国主義国は日本だけではない。よくイギリスのインド支配が、日本の植民地支配と比較されるが、私は、そこに次のようなちがいがあったのではないかと思う。それは、支配・被支配間の異質性・同質性のちがいではないかと思うのである。

イギリスが人種の異なる民族を支配するとき、その差が皮膚の色など歴然としているため、あくまで異なったものとして支配しようとしたといえるのではないだろうか。それに比し日本が朝鮮を支配しようとするとき、日本人と朝鮮人が表面的には余りにも似ているために、「他者＝異質なもの」として支配することができず、内に徹底的に抱え込んでしまわなければならないと考えたのではないだろうか。

教育政策においても当初は、「愚民政策」を基本にしていたといわれている。イギリスの植民地政策は、教育においては最後まで愚民政策であったと思われるが、朝鮮における支配者としての日本は先の「同質性」のゆえに、愚民政策のままでは支配しきれないと、三・一運動など朝鮮民衆の抵抗によって思い知ることになったのだろう。朝鮮総督府が幾度かの「朝鮮教育令」の「改正」により愚民政策を改め、「同質性」を持つ朝鮮人を積極的に内に抱え込むための教育政策に改めたといえる。そして、それが皇民化政策ではなかったかと、私は考える。

イギリスは、一部の支配に役立つエリートを例外として、全てのインド人に英語をマスターさせようとはしなかった。ところが日本は、全ての朝鮮人に日本語を強要した。韓国を旅して五〇代そこそこの韓国人と話していて、こちらが日本人とわかると日本語を話し始めることがある。「四〇年ぶりに話す日本語です」といいながらも、三〇分も話せばそれは流暢な日本語となる。

われわれ日本社会の中学から大学までの英語教育と比べてもはじまらないが、そんな時は植民地時代の「日本語教育」がいかにすさまじいものであったのかを思い知らされる。一九四五年の解放当時に国民学校の三、四年であっただけなのに、四〇年以上もたった今も話せるのだから驚くほかない。

創氏改名

創氏改名も日本ならではの政策といえるかも知れない。日本と朝鮮が「似てる」とはいえ、日本人と朝鮮人の名前の違いは一目瞭然である。日本は、朝鮮人としての誇りもろとも奪うために、創氏改名を強行し、日本人と同質化を計ろうとしたのである。

名前に対する考え方は、日本と朝鮮は異なっていた。それに朝鮮人の名前は「もしこの約束をたがえたら姓をかえる」といわれるくらい、重要なものでもあるのである。日本の法律上の「氏」にあたるものは朝鮮にはない。朝鮮にあるのは「姓」である。この「姓」は、日本の氏が「家」の呼称であるのに対して、より範囲の広い「宗」の呼称といわれるものである。

創氏改名とは、その朝鮮にない「氏」を新たに朝鮮人に創るように強要し（創氏）、そののち名を改めさせた（改名）、のである。その際、従来の「姓」を、新しい「氏」として使用してはならないとしたのである。一九二九年政令二十号「朝鮮人ノ氏名ニ関スル件」（一九三〇年二月一一日施行）第一条には、「御歴代御諱又ハ御名ハ之ヲ氏名又ハ名ニ用フルコトヲ得ズ、自己ノ姓以外ノ姓ハ氏トシテ之ヲ用フルコトヲ得ズ」とある。

創氏改名にあたって、前段では歴代の天皇の名前を使ってはならない、後段では自分以外の姓、例えば金さんの場合なら金以外の李、朴、崔、鄭などを使ってはならないというのである。従って、朝鮮式の名前は新しい「氏」として、歴代の天皇の名前とともに受け付けられないことになる。創氏改名を強力に推し進めた朝鮮総督・南次郎をもじって兄の名前（?）「南太郎」という名前をつけたり、名前を換えるような者は犬の糞を食らうようなものだと「犬糞倉衛《いぬくそくらえ》」という名前を付けた者もいたことはよく知られている。

創氏改名に最後まで抵抗した薛鎮永をモデルにして書かれた梶山季之の『族譜』という小説がある。この『族譜』は韓国でも林権澤監督により映画化されているが、この映画をみれば、「創氏改名」が単に名前をかえさせるということだけではなく、朝鮮人が名前に対してどんな思いを持っており、だからこそ、日本が名を奪うためにどんなひどいことをしたのかなどが豊かに描かれていて、数巻の歴史書よりも創氏改名の実相のイメージを与えてくれる。

また多くの犠牲者をだした神社参拝の強要も朝鮮人を積極的に日本が内に抱え込もうとした政策のひとつであるが、いずれの皇民化政策も、朝鮮人の魂までも奪うことはできないと知りながら、被支配民族であることを思い知らせるためにだけ皇民化政策を行なったともいえるかもしれない。

そして皇民化政策の究極の目的は、戦争に動員することであったようである。労働力不足を補うための強制連行から、ついには不足する日本軍兵士を補うための徴兵にまでいたるのである。朝鮮人に銃を持たせるためには、その銃がいつ日本の方にむけられるかわからないから、日本の側にも「覚悟」がいる。そのようなことが起きないようにするために、皇民化政策が必要であったのである。

これら皇民化政策が不当なものであることは明らかであるが、「侵略か進出か」と大きな問題となった一九八二年の「教科書検定事件」のとき、これらの皇民化政策に関する教科書の記述に対し、文部省によってクレイムがつけられたことを思い出す。

「朝鮮語と朝鮮文字の使用を禁止された」が「朝鮮語と合わせて、日本語が公用語として使用され」と改めさせられた。あるいは、神社参拝も「強制」から「奨励」に改めさせられた（いずれも『季刊三千里』三二号　一九八二年一一月）。また、強制連行についても、クレイムがついている。

「一九三九―四五年に少なくとも六〇万人以上の朝鮮人と、約五万人の中国人が強制連行された」とある記述が、中国人については人数が約四万人に変更させられているが、強制連行されたという事実が記載されているのに対し、朝鮮人に対しては、次のように完全に改竄《かいざん》されたのである。すなわち、「国民徴用令により多数の朝鮮人が内地に連行され、鉱山などで使役された」となっている。人数があやふやにされたというだけではない。

「強制連行」ではなく「国民徴用令」により連行された、という。文部省の検閲官は、不法な「強制連行」ではなくて徴用令による合法的な徴用なのだと言いたかったのである。

先の神社参拝を強制ではなくて、「推奨」とすることも同じ脈絡である。

外国人登録令

一九四七年五月二日にだされた外国人登録令が、昭和天皇の最後の勅令であることが指摘されている。外国人登録令は、今の外国人登録法と入管法をあわせたようなもので、登録に関する規定から強制送還に関する規定まで盛り込まれている。戦前の皇民化政策の道具であった「協和会手帳の再来」と在日朝鮮人の間で反対運動も展開された。

当時、ＧＨＱの占領下で在日朝鮮人は「日本国籍をもつ者」とされていたので、理論的には日本国籍をもつ在日朝鮮人に外国人登録令を適用できないが、朝鮮人は外国人とみなすという「みなし規定」（第一一条）をいれて在日朝鮮人に適用したというものであった。

これは、翌日の五月三日が、大日本帝国憲法にかわる戦後の新憲法の施行日であることから、実際には最後の勅令である。ＧＨＱの文書にその間の経緯を示す文書があるが、それはこの「最後の勅令」が決して偶然のものではないことを示している。

外国人登録令を、法律とするか勅令とするかについて、ＧＨＱと日本政府の間で議論されており、その結果として新しい新憲法による国会に関係のない天皇の勅令の形で五月二日までに制定することが決められているのである。ＧＨＱのＪ・ネイピアが、同民政局長にあてた一九四七年四月二五日付の覚書には、「朝鮮課が全朝鮮人の早急な登録を強く希望しているところから、国会の次の会期を待つことは適当ではなく、ポツダム宣言に基づく勅令の形をとるのがよいと思われる。内務省は、それ故、一九四七年四月二五日もしくはそれ以前に、内閣に（略）提出できればと考えている」ので「(日本の)内務省に対し、本勅令の最終草案が勅令として公布されることを承認する旨口頭で通知することを許可されたい」と書かれている(大沼保昭「出入国管理体制の成立過程⑦」『法律時報』五〇巻一〇号、一九七八年一〇月)。そして、外国人登録令を五月二日までに勅令として出すことが、このような「許可」ののち、実現されたのである。

御大典による朝鮮人の強制送還から始まった昭和天皇の「昭和」が、新憲法施行前日の一九四七年五月二日に天皇の勅令として外国人登録令が施行されたことは、単なる偶然の一致ではなく、戦前から戦後にかけて昭和天皇が朝鮮人の抑圧者として存在していることを示しているのである。

(『季刊青丘』一号、一九八九年八月)

第三章　歴史を知る

一、朝鮮人強制連行と「宗教教師勤労動員令」

一冊の本

今年（一九九四年）の六月に神戸学生青年センター出版部より『朝鮮人強制連行とわたし―川崎昭和電工朝鮮人寄宿舎・舎監の記録―』を出した。著者は、岡山市内在住の日本キリスト教団牧師・脇本寿《ひさし》さんである。脇本さんは、太平洋戦争中の一九四四年七月、東京の弓町本郷教会の伝道師として働いていた時、「宗教教師勤労動員令」により徴収されて昭和電工川崎工場の朝鮮人寄宿舎の舎監をしたという経験の持ち主である。その寄宿舎とは強制連行された朝鮮人のものである。

この本は両面に表紙があるという、少し変った体裁をしている。右から開けば縦書きの日本語の本で、左から開けば横書きの朝鮮語の本である。写真等の資料は真ん中に入っている。一般的に日本語が縦書き、朝鮮語が横書きで出版されることを利用したのである。日本語圏の人にも朝鮮語圏の人にも読んでほしい内容の本は、こんな体裁の本を出すのがいいのではないかと考えたのである。定価は、四〇〇〇円、韓国でも販売する意気込みがあるんだということを示すために一五〇〇〇ウォンという定価もつけた。これは交換レートを考えたものではなく、本の分厚さをみて適当につけた定価である。日本でウォンで売ってしまうと赤字になるので、あくまで円で発売中である。翻訳は、学生センター朝鮮語講座講師の金希妊さんによる。

脇本寿さんのお話から

私は、脇本さんと九一年九月に始めてお会いした。そのとき私は、鳥取県の八頭教会で開かれた日本基督《キリスト》教団東中国教区の研修会に講師として呼ばれて在日朝鮮人問題等について話しをしたが、そのとき研修会に参加されていた脇本さんと話しする機会があった。そこで一九四四年七月から翌四五年一〇月まで川崎の昭和電工で、強制連行された朝鮮人寄宿舎の舎監をされていたことを伺った。強制連行の歴史を掘り起こす作業の必要性を常々考えていた私は、その話に興味をもったのである。当時、強制連行された朝鮮人寄宿舎の舎監をしていた日本人はかなりの数にのぼると思われるが、そのわりには当事者の証言が少ないように思う。「飯場が××にあった」、「××に社宅があった」という証言より、その朝鮮人とともにくらした舎監の証言の方が、よりリアリティーがあり貴重な証言であることはまちがいない。

その研修会では、もうひとつ興味深い話を伺った。それは八頭教会の種谷俊一牧師の夫人・墨子さんから伺った話で、一九四四年一一月に同志社大学神学部の学生・文熙奭（平文一）と李鍾禄（岩本光正）が徴兵を拒否して八頭教会に逃れ、しばらくの間滞在したというのである。文熙奭さんは戦後、韓国の文部大臣になった方である。教会の記録では四、五日滞在したとあるが、種谷牧師の夫人の記憶では数ヵ月滞在したという。当時、彼らがもっていた岩波文庫がいまでも残っているという。種谷夫人の兄と文さんが同級生だった関係で、八頭教会に逃げてきたとのことだ。当時同じく同志社大学神学部に在学中であった青丘文庫の韓晳曦館長の話では、文さんは

「島根に逃げて結局捕まった」と聞いているとのことだった。一九九〇年一月に韓国で刊行された『一・二〇学兵史記』の第三巻「光復と興国」に李鍾禄さんは「受難と創造」（九二九～九四三頁）を書いている。

鳥取での研修会で伺った脇本さんの話をまとめてお送りした上で、もう一度岡山にインタビューに行った。なにしろ五〇年前のことで脇本さんの記憶も定かではない。でもいろいろ質問したりしていると、よりはっきりしてくるという面もあったようである。その年の一一月には、いっしょに現場の昭和電工川崎工場を訪ねることにした。大雨の日だったが、川崎市の職員とふれあい館の職員が同行してくれた。工場を訪ねると、さすがに戦争中そこで働いていた人が、訪ねてきたというので門前払いをされることもなく、それなりの応対をしてくれた。でも会社側の回答は、「当時の書類は全く残っていない」ということだった。訪問の成果は上がらなかったが、その後、寄宿舎のあった場所等を確認することができた。

その後脇本さんは、自分自身で昭和電工の社史等を調査され、そのことを『朝鮮人強制連行とわたし』に書かれている。

朝鮮史セミナー

六月四日（一九九四年）には、脇本さんを招いて神戸学生青年センターで朝鮮史セミナーを開いた。「朝鮮人強制連行を問う」をテーマに、金英達さんの「強制連行とは何か」と脇本さんの「……

舎監として」の二つの講演が中心のセミナーだ。セミナーでの話は、それぞれに興味深いものだった。当日、脇本さんはB４で七、八枚の資料を持ってきて下さった。それは、日本キリスト教団宣教研究所の資料室にあったもののコピーだが、脇本さんを徴用した「宗教教師勤労動員令」関係のものだ。その中にあったのが左のもので、一九四四年五月一〇日付で文部省教学局宗教課長から鈴木浩二宛の文章だ。この鈴木浩二は当時の日本基督教団の総務局長をしていた牧師で、実は私の祖父（母の父）なのである。祖父は、戦前、神戸教会の牧師をしていた。そして一九四一年、戦時体制下で時の権力に日本のキリスト教（プロテスタント）が統合されて日本基督教団が設立されたとき総務局長に就任したのである。戦後、再び神戸教会にもどり、私が小学校の二、三年生の頃引退して東京の娘（私の伯母）のところに行き、その後しばらくして亡くなったのである。

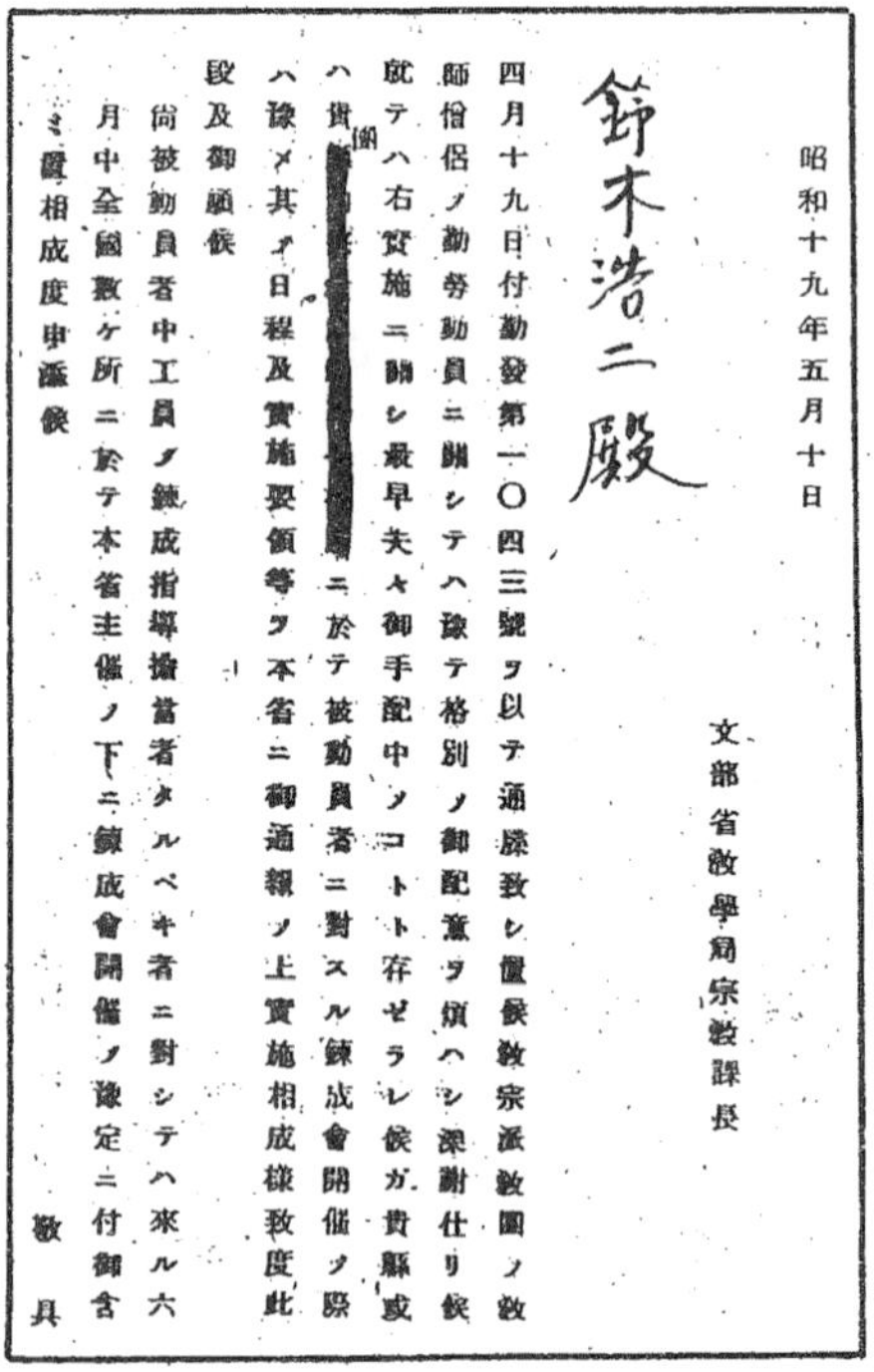
昭和十九年五月十日

鈴木浩二殿

文部省教學局宗教課長

四月十九日付勤發第一〇四三號ヲ以テ通牒致シ置候教宗派教團ノ教師僧侶ノ勤勞動員ニ關シテハ豫テ格別ノ御配慮ヲ煩ハシ深謝仕リ候就テハ右實施ニ關シ最早夫々御手配中ノコトト存ゼラレ候ガ貴縣或ハ貴[redacted]ニ於テ被動員者ニ對スル錬成會開催ノ際ハ豫メ其ノ日程及實施要領等ヲ本省ニ御通報ノ上實施相成樣致度此段及御願候

尚被動員者中工員ノ錬成指導擔當者タルベキ者ニ對シテハ來ル六月中全國數ケ所ニ於テ本省主催ノ下ニ錬成會開催ノ豫定ニ付御含ミ置相成度申添候

敬具

私は、日本基督教団の中枢に

いた祖父が、当然に「宗教教師勤労動員令」にもかかわっていたであろうと想像していたが、鈴木浩二の名前が鮮やかに見える「資料」を見て愕然としたのである。脇本さんを始め「……動員令」によって徴用するときには、祖父の名前で文書が出されていたのである。

七月に入ってから、私は東京に行ったついでに日本キリスト教団の宣教研究所を訪ねた。そして脇本さんがセミナーの日に持ってきて下さった以外の資料も閲覧しそのうちいくつかをコピーしてきた。それら資料の紹介もかねて、「宗教教師勤労動員令」について考えてみようと思う。

宗教教師勤労動員令

「宗教教師勤労動員令」というのは、最初は仏教会に対してなされたようだ。一九四四年一月二四日付、厚生省勤労局長から各都廳府県庁官宛の「厚生省発勤第二五号、戦時僧侶勤労動員に関する件」（原文はカタカナ、以下同じ）には次のようにある。

「国民勤労総力の最高度の発揚を図るの要緊切なるものあるに鑑み今般財団法人大日本仏教会に於て別紙戦時僧侶勤労動員実施要綱により全国僧侶の勤労動員組織を確立し時局下緊要産業に於て挺身勤労に従事せしめて刻下の戦力増強に寄与することと……」

その後、同年四月一七日付で、厚生省勤労局長および文部省教学局長名で、財団法人日本仏教会長、神道教派連合会長および日本基督教連合会長宛に「勤発第一〇四三号、教派、宗派、教団の教師、僧侶の勤労動員に関する件」が出されている。内容は先の仏教会関係のものとほぼ同じで、具体的な手続き等を定めている。

更に同年五月一日には、厚生省勤労局長名で日本基督教連合会長宛の「勤発一一二四号」が、先の「勤発第一〇四三号」が「……教師、僧侶の選定其の他之が取扱に付不徹底の向有之哉に認められ……」として発せられている。私がビックリした前頁にコピーのある鈴木浩二宛の文書は、その数日後に更に念を押すように出されているのである。

脇本さん宛の直接の「動員令」は見つからなかったが、「日本基督教団総務局長鈴木浩二」から同年六月八日に佐藤津義夫に宛てた「十九総発第三七号、宗教教師徴用に関する件」には、次のように書かれている。

「宗教教師の徴用問題に就ては予て厚生省及文部省の間に折衝中の処今回一定の動員配置取扱方針確定し之を四月一九日付を以て各地方長官に通達有之自今之い依りて宗教教師の徴用を行ふことと相成候條貴下に徴用ありたる場合欣然之に応じ宗教教師の面目を発揮する様御準備被成下度願上候」

日本基督教団の動き

次にこの宗教教師の徴用に至るまでの日本基督教団の動きについて、『日本基督教新報』（後に『日本基督教団教団新報』、以下『新報』）および『教団時報』（以下『時報』）より見てみることにする。

『時報』（二二二号、四一年一二月一五日）によると、一九四一年八月二五日に「基督教報國団」が結成されており、それを「生かすべき時が今こそ到来した」とある。同号には、具体的な「方策」について書かれている。そして四三年始めころには「基督教戦時報國会」というのができている。それは、「日本基督教団の総力を結集して戦時体制に即応し宗教報國の悃を効すを以て目的とす」（『新報』二四四二号、四三年三月一八日）るものであるが、前年の一九四二年一一月の日本基督教団総会の決議によって作られたものである。『新報』二四四〇号（四三年三月四日）には、「基督教戦時報國会の活動」と題して次のような一文がある。

「……我らはこれまで宗教報國なる標語を掲げて、報國の熱誠を捧げて来たのであるが、今やこの総力戦を遂行しつつある現下の情勢のものにあっては、ただに宗教の分野にのみ我らの使命があるのではなくして、精神界或は宗教の分野は他の武力、経済、政治、思想等の分野と互いに入りくんでをり、相互に深い連関を有つのであるから、我らは他の分野に対しても深い関心を以て、このたたかひに参与しなければならぬのである。

教會時事

教師の動員
二百三名に達す

宗教教師勤労動員に關する通牒が發せられるや欣然之に参加した本教團教師は總計二百三名に達した。其の後未だ各教師の動靜詳しく知ることは出來ないが各方面とも好評を以て迎へられて居ることは東京方面の事實によつても知ることが出來る。目下東京都に於ける動員教師と其の勤務先は左の通りである。

○昭和電工株式會社 川崎工場
定家都志男(行人坂)
定國 廣志(大井町)
白水 萬里(駒込)
藤原 藤男(馬橋町)
満丸 茂(大宮前)
森 文次郎(安積門念)
横屋 壽(弓町本郷)
○理研科學機械 製造所
伊藤 孝男(清心寮教團)
加藤 邦雄(則足)
長井 公平(本郷榮光)
長谷川庚子(愛隣會)
和田 正(東戸越)
○株式會社 岡池製作所
岡田 五作(田園調布)
小川 貞昭(柿ノ木坂)
柏井 光蔵(洗足)
小林忠治郎(登町)
○凸版印刷 株式會社小石川工場
上 良雄(信濃町)
堀田 晃(上落合)
高橋 貞蔵(淀川復興)
○大日本印刷 株式會社
稲垣 守臣(麻布)
吉川 信一(京橋)
○理研榮養藥品株式會社
白石 德治(中新井病院)
紳 欣之(原宿)
○日南航空興業株式會社
青木 毅三(淺草藏前)
○理研電具株式會社
赤岩 榮(上原)
○株式會社 日東電機製作所
秋元 繁(自由ヶ丘)
○株式會社 名取製作所
石垣 信勝(渋谷大和田)
○富士電鍍工業 株式會社
石島 三郎
○日満工業 株式會社八王子工場
泉谷 信造(多摩)
○株式會社 寺田電機製作所
伊藤 昌義(久ヶ原)
○株式會社 豊國製作所
植松 茂雄(梅ヶ丘)
○海軍技術 研究所
大倉 健一(霊南坂)
○中島飛行機 株式會社
小泉製作所 大井分工場
大谷 賢二(大井福王子)
○富士 研究所
岸田 愛治(蔵田鵬恩)
○八洲工場
木村 義夫(世田谷中原)
○七欧無線 電氣株式會社
桐谷 正敏(青山南町)
○大日本飛行機 製作所
高橋因三郎(金町)
○共同印刷株式會社
奥山 光蔵(雑司谷)
○株式會社 木田精工所
辻 勝一郎(兩國)
○富永實業株式會社
津田 正則(角筈)
○九星製作所
鶴田 昌直(小石川白山)
○日東航空 計器製作所
松尾 武(麴町)
○陸海軍 階級章徽章製作所
宮本 正兵衛(宮村町)
○久能製作所
丹山喜代馬(紳召)
○未決定
内海 季秋(本所菊川橋)
大久保 進(上目黒)

『日本基督教団教団新報』(第2502　1994年9月10日)より

かうした事情から日本基督教戦時報國会は、その最初の全国的なはたらきかけとして教会を中心とする貯蓄増強運動を開始したのである」

同会の会長・真鍋頼一は、「戦力の増強と戦時生活の徹底強化に力を注ぎ聖戦完遂に総力を挙げて躍進するこそ我等の進むべき道である」(『新報』二四五四号、四三年六月一七日)とし、四三年八月にはさらに、「総ての者よ起て—勤労報國隊の結成に当りて」を書いている(同二四六二号、四三年八月二六日)。その報國隊は、東京教区には七月二七日、大阪教区には八月二四日、兵庫教区には八月三〇日に結成されている。兵庫教区の結成宣言には、「大東亜戦今や苛烈を極め、将に決戦の日を迎えたり。南に北にはたまた大陸に日夜勇戦奮闘する皇軍兵士を偲び、感涙は我らの胸中に溢るるなり」という文が踊っている(同二四六四号、四三年九月九日)。

徴用の問題に関しては翌一九四四年三月二三日の『新報』（二四八七号）には、「教会彙報」として「宗教家徴用問題／各方面にて討究」という記事が始めて掲載されている。四月一七日には先に紹介したように「勤発第一〇四三号、教派、宗派、教団の教師、僧侶の勤労動員に関する件」が出されるが、四月一一日付の『新報』（二四九〇号）には、その動員の人数について、仏教七千名、神道二千五百名、キリスト教二五〇名という数字が上がっている。この数字は、「当局が（各団体に）充分念を押してその可能性を確かめた結果による」ものだそうだ。動員は、年齢が一六歳以上、四五歳未満のものがその対象となっている。

そして同年七月、日本基督教団より計二〇三名が「宗教教師勤労動員」に応じることになるのである。『新報』（二五〇二号、四四年九月一〇日）に掲載された東京教区関係のリストは前頁のとおりである。昭和電工川崎工場に配属された「横屋壽」というのが脇本さん（旧姓が横屋）のことで、同じく配置された白水萬里さんとともに朝鮮人寄宿舎の舎監となるのである。『時報』（二四〇／二四一号、四四年五月一五日）には、これらの動員は「一般国民徴用検査とは別個に行われます」と書かれている。

事実を事実としてとらえること

以上が、現在のところ私に分かっている「宗教教師勤労動員令」に関することがらである。一九三八年からの、国家総動員体制のもとでの「宗教教師勤労動員令」の位置づけが明確ではない。

それらの関連を今後明らかにしていきたいと考えている。

センター出版部は、今回この冊子を、センター自身の母体である日本基督教団の戦争責任を、具体的に考えるための一つの材料としても出版した。出版後、脇本さんに私の祖父＝鈴木浩二の名のある資料を見せていただいたことから、私自身も大いに刺激され調べてみることになったのである。東京の日本基督教団宣教研究所で資料を見ていると、各地の「徴用候補者」あるいは取りまとめをしている各教区の実務者から鈴木浩二宛の現物の葉書などもでてきた。それらを見ていると複雑な気持ちになるが、歴史の事実は事実である。日頃私もよく言っている「事実を事実としてとらえること」が必要であることを、改めて感じさせられることにもなった。最後に、資料閲覧の便宜を図って下さった宣教研究所の柏井創さんに感謝申し上げる。

（『むくげ通信』一四五号、一九九四年七月）

二、Ｌ・Ｌ・ヤングと在日朝鮮人キリスト者

神戸市立外国人墓地

神戸市立外国人墓地は神戸の背山・六甲山にある。神戸三宮から北東へ約三キロ、タクシーでは約二〇分、登山口（三宮から市バス⑦、諏訪山公園）からは徒歩一時間半という所だ。面積は一四ヘクタールある。

神戸の外国人墓地の歴史は一九六七年にさかのぼる。最初の埋葬は生田川尻の小野浜（現在の神戸市中央区浜辺通）でおこなわれた。その小野浜墓地も一八九八年にはいっぱいになり、青谷の春日野（現在の神戸市中央区篭池通四丁目）に外国人墓地が設けられた。一九三〇年に現在の場所への移転が提案されたが、阪神大水害（一九三八年七月）や第二次世界大戦で延期された。戦後、一九五二年五〜八月に小野浜墓地の六六六基、一九六〇年一〇月から春日野墓地の一、四〇六基が移転され、それが完了した一九六一年一一月に現在の外国人墓地が開園したのである。現在、外国人と結婚した日本人の妻もふくめて約二、五〇〇人が埋葬されている。宗教は二〇余種、国は五六ヵ国、お菓子で有名なモロゾフ、フロインドリーブの墓もある。

外国人墓地のある再度山公園は、神戸市内の小学生は遠足で年に二、三度行くところだ。私もよく出かけて、当時、二一〜三〇〇人の生徒が二組に分かれてダイナミックに「クチクスイライ（駆逐艦……）」の戦争ゴッコをやったものだ。そのころ、外国人墓地は誰でも入ることができた。

ところが最近は、原則的に入ることができず、「お墓参り」のみが許されている。（ヤングの墓は、番地でいうと「B一区一八番」である。）

朝鮮での宣教

ヤング（Lither Lisger Young）は榮在馨《ヨンジェソン》という朝鮮名をもっていた。墓碑には英語名とともに朝鮮名が刻まれている。

L. L. ヤングの墓石
（神戸市外国人墓地）

一八七五年二月二一日カナダ生まれのヤングは、大学で神学を学んだのち一九〇六年カナダ長老教会宣教師として朝鮮に渡った。朝鮮では、咸興、城津、元山等で宣教活動を行った。オートバイに乗って冒険のように精力的に各地を回ったといわれている。一九二五年になって本国カナダでキリスト教会の再編が行われ、ヤングの属していた長老教会が、メソジスト（監理）教会等と連合して「カナダ連合教会」を結成した。その結果、ヤングを朝鮮に派遣していた長老教会の海外宣教事業も連合教会の事業に組み込まれることになった。

ヤングのキリスト教信仰は保守主義的な傾向が強かったため、新たなカナダ連合教会の立場を受け入れることができずに教派と離れて独自の伝道活動を行うことになったのである。

当時、朝鮮では海外のキリスト教教派がそれぞれに朝鮮半島の地域を分担して宣教活動を展開していた。カナダの教会の再編はその地域割りにも影響を及ぼし、ヤングの活動していた東北地域もカナダ長老教会の宣教地域から連合教会の宣教地域とされたためヤングが活動できなくなったようだ。そこでヤングは、朝鮮での宣教活動をあきらめて在日朝鮮人への宣教活動を行う決心を固めるようになったのである。

神戸を拠点に活動を開始

ヤングは二一年間にわたる朝鮮での宣教活動を終えて、一九二七年一〇月一日、横浜にやってきた。そして日本では神戸を拠点地にして、文字どおり日本全国津々浦々、北はサハリンから南は九州まで在日朝鮮人のために宣教活動を展開するのである。住居は長峰山（現神戸市灘区、現在も欧米人が比較的多く住んでおり、阪神のバースも住んでいた）にかまえた。当時、アメリカン・バプテスト、教会宣教教会（CMS）、米国長老教会（PCUS、余談だが神戸学生青年センターもこの教会を母体としている）、米国南部メソジストミッション（ASMM）等が活動をおこなっており、すでに一八の小さな集会が九州・横浜間にあった。

ヤングが日本に赴任した一九二七年にカナダミッションはソウルで開いた会談において、日本での在日朝鮮人に対する宣教会は教派的拠点をもつ活動でなく朝鮮人キリスト者を一つの教会「在日本朝鮮基督教会」に結集させることが合意された。ヤングはその在日朝鮮人伝道活動のすべてにわたって監督する責任者に任命される。ヤングは本部を神戸の原田村（神戸市立王子動物園付近）において活動を開始した。

ヤングの活動は目覚ましいもので、九州では地方会もつくり、一九三一年四月二〇日に開かれた第三回九州地方会ではヤングが会長に選任されている。そして一九三四年には大阪で全国的な組織「在日朝鮮基督教会」が作られヤングはその初代会長に選ばれている。ヤングらの努力によって在日朝鮮人の教会は成長した。ヤングが日本に赴任した一九二七年と一九三五年を比較すると、教会数は二七から七二に、洗礼会員は六二一人から一、〇九八人となっている。このことについてヤング自身は「同期間に在日朝鮮人数がおよそ四倍に増加したことに比べれば驚くほどの数値ではない」としている。（"The Korea Mission Field"一九三六年四月）

ヤングは、来日後の約一〇年間は順調な宣教活動をしていたといえる。しかしその後、日本の侵略政策が推し進められ国内での宣教活動への締め付けが厳しさを加えてくるにしたがって、ヤングの活動も不自由なものとなってくる。例えば一九三六年一一月には日本国内のプロテスタント教会の連合体である「日本基督教連盟」に加盟するにあたってこれまでの「在日本朝鮮基督教会」という名称が「在日本」をとった「朝鮮基督教」と改められた。日本国家からすれば植民地支配下の朝鮮はもちろん日本であり、ことさら「在日本」をつけることは、独立志向的なことであったのだろう。このような圧力は当然朝鮮人キリスト者の間に争いを持ち込むものである。その間の事情を『特高月報』は次のように書いている。

「遂に昭和十一年日本基督教聯盟に加入し、稍々内地人との折衝部面を開きたり。然れども此を以て内鮮融和の態度を表示せるものとは認められず、依然として幹部牧師に在りては尚一歩進め、全的合同を遂げ宗教を通じ内鮮融和を遂行せんとする意見を強調せるも、主催宣教師エル・エル・ヤング及民族意識濃厚なる分子の反対により一蹴せられたる状況にありたり」

朝鮮基督教会の合同問題

さらに時局が切迫してくると、日本の宗教界は日本政府の方針によってキリスト教それぞれの教派の存在を容認しない方向に進んでゆく。プロテスタント教会については、徐々に統合させ最終的に一つの教団となるように圧力を加えていく。一定以上の教会数、信徒教をもたない教派には存続を許さないという圧力が加えられ、やむなく日本の教派との合同問題が浮上してくる。一九三八年五月の第三回朝鮮基督教大会で日本のキリスト教の中では大きな教派である日本基督教会と「合同もしくは協調」することが決定され、その交渉委員にヤング他五名が選ばれている。

この間の事情について先の『特高月報』では、以下のように述べている。宣教師や在日朝鮮人キリスト者の苦悩がにじみでているような内容なので、少し長いが引用する。

「支那事変勃発により国内に於ける挙国一致の国民的輿論の昂揚せる客観情勢に逢着し、従来の如く超国家乃民族固ろうなる部面を内包せる形態は許容されざるを看取せる一部牧師等に在りては、日本基督教との合同により叙上国内情勢に順応せんと画策するに至り、一方日本基督教に於ても朝鮮基督教の存在を再検討するに至りたる結果『東亜の現状に於て内鮮融和は最も緊要にして現状の如く国内に日本基督教の他に朝鮮基督教があり。例えば基督教世界大会には日本代表の他に朝鮮代表の出席があり、會て同大会に於ては彼等は旧韓国旗を掲げたる等の不都合もあり、対外的にも又彼等の民族意識を抑圧する意味よりするも此の際朝鮮基督教を包摂し以て彼らを指導すべきなり』と謂ひ、偶々両者の意見に相通ずる所ありたる為、右合同運動は進展さるゝに至れり。……結局日本基督教会側は『全的に自己教会に包摂せんとする方針』なるに対し、朝鮮基督教側は主宰エル・エル・ヤングの主観に左右され、同人は『朝鮮基督教側は日本基督教と環境に於て又其の歴史に於て特殊事情あるを以て合同は無意味なるが、只現状の儘進む事は困難なるを以て緊密なる協調を図る』と言ふが如き相反せる主張……」

日本基督教会との合同問題は、翌一九三九年四月には、日本基督教会側より加入にあたっては、①日本基督教会の信条に服すること、②教役者の再試験をなすこと、③布教は国語（日本語）を使用することを通告してきた。同年九月一九日、朝鮮基督教会側は名古屋で会合をし、①日本語での布教を削除、②教役者の再試験に対して現在の朝鮮基督教の教役者を認めること、③現在の朝鮮基督教会を合同後は日本基督教会中会と認めることの「緩和要求案」を出したりしたが、結局朝鮮基督教は地域連合会単位で順次日本基督教会に合同させられることになった。一九四〇年一月、朝鮮基督教臨時大会および同年一〇月の日本基督教会の大会でそれぞれ決議がなされ、同年三月に合同が終了することになる。この間、この合同に反対して辞任する朝鮮人牧師も現れるがその流れは止めることができなかったのである。

合同後の日本基督教会は、一九四一年六月、すべてのプロテスタント教会を統合した「日本基督教団」の一部となり、更に四三年四月には「部制」も廃止されるに至るのである。

神社参拝問題の波紋

日本政府がキリスト者に要求した「神社参拝」もまた宣教師や朝鮮人キリスト者に大きな影響を与えた。「外国人であるカナダ人宣教師は、参拝することを強要されませんでした」（R・K・アンダーソン、『愛知県下における「朝鮮基督教会」の歩み』一九九頁）というが、朝鮮人キリスト者に対する神社参拝への圧力は日増しに強くなっていった。同じくカナダからの宣教師であったマカイは、神社参拝に賛成する日本基督教連盟から脱会を主張し、また、神社参拝した朝鮮人キリスト者に何らかの処分をすることを主張した。

一方、ヤングは「この地の一人の兄弟が全てのことにおいて信仰深くなかったときには、われわれは残念に思うが、しかし、一点の失敗によってその者を見捨てたり、彼と付き合うことを拒否するのであれば、われわれは、主が示された二大戒律の内の一つを破るものとして、自らをさらすことになってしまうと、強く訴える」（前掲『愛知県下……』二〇七頁）という立場をとる。ヤングが信仰的立場を考えつつも、在日朝鮮人キリスト者のおかれている厳しい状況についての同情がこのような発言をヤングにさせているのではないかと思う。マカイは辞任して一九三九年七月二五日カナダにもどり、ヤングは引き続き日本で活動することになる。

紆余曲折がありながらも一九三九年一一月二五日にカナダミッションは、神社参拝問題により日本基督教連盟からの脱退を決定している。

ヤングの帰国

ヤングは引き続きカナダミッションの援助を受けながら在日朝鮮人のための医療活動にも力を注ぎ、一部では実行に移されていた。しかしその後診療所の許可が取り消されたり、先の日本基督教団（一九四一年六月成立）の関連で、諸宗派が四一年三月までに外国（人）からの影響・資金援助を完全に排することを要求されたこと等により、ヤング等の活動ももはや不可能な状況に追い込まれていった。

一九四〇年六月の『特高月報』には、「旧朝基系牧師伝道師も相互の親睦に名を藉り、エル・エル・ヤングの下に結集し、従来通りの月例祭等を施行せんとしおり……京、阪、神、和歌山市等に居住する之等の者はエル・エル・ヤング方に集合し、李相国牧師の司会にて祈祷会を施行せる等の事例に徴するも、彼等は未だ旧朝基に対する執着を多分に内包しつゝ、ある事情なり」という記述もみられる。

一九四〇年末までに日本にいた外国人宣教師のうち四分の三が日本を離れることになったが、ヤングもその中のひとりであった。同年一二月一〇日、日本を発ち、一二月二三日カナダのバンクーバーについたのである。その一年後には太平洋戦争が始まるという時期であった。

戦後ふたたび日本へ

一九四五年八月一五日、日本が戦争に破れ朝鮮が植民地支配から解放された。日本に暮らす朝鮮人への思いがつのっていたのであろうヤングは、一九四九年二月一一日、再来日する。七四歳であった。しかし翌一九五〇年二月二一日夜、日本で亡くなられた。同二三日、在日本大韓基督教総会の総会葬が挙行された。

ヤングの最初の妻キャサリン・メイア（Catherine Mair）は、一九一九年に急死し、一九二二年に同僚の宣教師であったミリアム・フォックス（Miriam Fox）と再婚した。フォックスも在日朝鮮人の宣教に大きな功績を残している。神戸市立外国人墓地のヤングの墓標には「強くかつしなやかな心、厳しくも仁慈な態度で福音を伝え、一九五〇年二月二一日夜七五歳で一生を終えた。在日韓国教会の創立者であり神学博士であった彼の地上の生活を記念すべくこの文をしたためる。一九五一年五月二五日在日大韓基督教会総会」とある。

再来日後のヤングは、老齢であり健康問題もあって思うような活動ができなかった。しかし、長年働いた日本の地でかつての仲間の在日朝鮮人キリスト者とともに暮らしたひとときは、彼にとって人生をしめくくるにふさわしい、幸せなひとときであったと思う。

(『むくげ通信』一六九号、一九九八年七月。むくげの会『新コリア百科―歴史・社会・経済・文化』明石書店、二〇〇一年二月に再録)

〈参考文献〉

一．日本基督教団中部教区愛知西地区靖国神社問題特設委員会編『愛知県下における「朝鮮基督教会」の歩み――戦後時下を語る証言に聞く――』(一九九八年三月『むくげ通信』一六八号、信長正義図書案内参照) 本論文において本書資料編所収のヤング関係の資料を多く利用させていただいた。

二．「在日大韓基督教会　宣教九〇年略史」(一九九八年版同窓会発行の手帳所収)

三．韓国基督教歴史研究所『韓国キリスト教の受難と抵抗――韓国キリスト教史一九一九～四五――』(一九九五年二月、新教出版社)

四．八幡明彦編著『〈未完〉年表・日本と朝鮮のキリスト教一〇〇年』(一九九七年三月、神戸学生青年センター出版部)

五．呉允台『日韓キリスト教交流史』(一九六八月一〇日、新教出版社)

三、ＹＨ貿易事件の波紋

ＹＨ貿易事件とは

八月一一日（一九七九年）午前二時ごろ、韓国新民党本部に籠城中のＹＨ貿易の労働組合員に機動隊が乱入し、大混乱の中で女子労働者の金景淑さんが死亡するというショッキングな事件が起った。この事件は韓国においても大きくとりあげられ、韓国の言論界、労働界、宗教界、政界に大きな波紋をひろげている。ＹＨ貿易事件の内容を最初に紹介する。

ＹＨ貿易というのは、かつらと縫製品の製造および輸出をする企業である。今年三月三〇日、会社側が財政難を理由に廃業通告をした。これに対し組合側は、四月一四日より五日間、組合員四百余名を動員して籠城闘争をし、それにより操業再開を約束させた。このＹＨ貿易という会社には、社長が一五億ウォン相当の商品を送り会社にその代金を送金しないままアメリカに住んでいること、あるいは四〇億ウォンの融資をした朝興銀行が具体的な処置をとらないこと等、不信な点があった。

その後会社側が約束をやぶって再び廃業通告を行なったため組合側は七月三〇日より、組合員二八七名をあつめて籠城闘争に入った。八月九日の朝からは籠城場所を会社から新民党本部に移し籠城を続けたのである。

翌一〇日の夜一〇時四〇分、組合員らは籠城中の新民党ビル四階の講堂で緊急決起総会を開き、新民党をとり囲む千人の警官が突入し強制解散させようとするときには全員四階から投身自殺する等の決議を行ない午後一一時一〇分ごろ閉会した。閉会後、組合員らは窓わくにぶらさがったり、外に向って「私たちに出よというのならどう生きろというのだ」と叫んだりしていたが、新民党の金泳三総裁らが解決を約束するとともに組合員をなだめた。そして金総裁らが善後策を別室で協議している時に警官隊の乱入事件が起った。

警官側は集団投身にそなえてマットレスと大型の網を用意する一方、八月一一日午前一時五五分にソウル市警局長が進入を通告し、その直後に武装した警官隊が新民党ビルに突入したのである。そして、阻止しようとした二六人の新民党員をひきずり出し、籠城していた一七二名の組合員を連行したのである。この強制解散の過程で、組合員、新民党員、新聞記者が殴打され負傷するが、組合員の金景淑さん（二一才）が左手動脈が切れたまま重傷を負い新民党ビル後方の地下室の入口に倒れていた。彼女は病院にはこばれ手当をうけるが、午前二時半に息をひきとったのである。

ＹＨ貿易事件の新聞報道

このＹＨ貿易事件は韓国の新聞等に大きくとりあげられた。私たちの手元に届いているその後の「東亜日報」は、一ヶ月をすぎても毎日の新聞に「ＹＨ事件」の文字がないことがないくらいである。一九七五～七六年の東亜日報広告弾圧以降、沈黙をつづけていた韓国の新聞も、ＹＨ事件を一つのきっかけとして活気をとりもどす気配がないでもない。直接八月一一日の乱入事件で殴打された記者を中心に抗議声明等が何度か出され、そのことが記事として誌上に報道されている。また東亜日報の四コママンガ「コバウおじさん」にも言論界の雰囲気を反映して時折登場する。それはYH事件以前のコバウが物価問題の批判までしかできえてなかったのとは異なっている（もちろん広告弾圧時期のコバウおじさんの奮闘ぶりはよくご承知のとおりである）。例えば八月一五日付のコバウは、国会議事堂に入場する議員を民衆が見ながら、あの議員は無傷だから与党、あの議員は包帯をまいているから野党（新民党）というのがある。また九月四日付には、道路に女の子にペケをした道路標識があるのでなにかなと思っていると、警官が新民党ビルがあるからだと説明するというのもある。

新民党の「民主回復」のスローガンが大きく一面に出たり、YH事件が社説のテーマとなったり、朴政権が目のかたきにしている都市産業宣教会（ＵＩＭ）のことが大きくとりあげられたりすることもある。また、「議員記者殴打、許せないこと、〝女工保護の為〟は鮮色な弁明」（八月一七日付）、「困難な条件下　重労働一三時間、女工の実状を傍観しない労組とならねば」（九月八日付）という投書もあった（しかし、日本で報道された九月四日、大邱の大学生のデモについての記事は見あたらない）。

労働界

ＹＨ事件の労働界に与えた波紋も小さくない。御用団体化した韓国労組も、ＹＨ事件について一方で都市産業宣教会の介入を批判しながらも、今回の事件は第一義的に労働行政当局の責任であるという声明を発表した（八月一三日）。また、使用者側の圧力と外部勢力の介入を防ぐために労使協約を企業単位から産別単位にすることを主張（八月二九日）した労組に経営者側が反対するということもある。また経営者側から労働者の保険制度の確立が云々されることもあるし、九月七日に五人未満の企業でも勤労基準法が守られなければならないとした判決が紹介されている。

宗教界と新民党

ＹＨ事件の八月一一日以降の展開は、宗政界と新民党に直接的な影響を与えた。朴政権は都市産業宣教会（ＵＩＭ）が今回の事件の背後操縦者であるとして八月一七日にその関係者らを逮捕した。また政府内に特別調査員会をつくりＵＩＭの調査をすすめる一方、ＵＩＭ等の活動を取り締るための特別立法の制定を示唆したりした。

結局、特別立法は見送りとなり、特別委員会の調査結果もＵＩＭそのものは共産主義ではないという結論を出したが（九月一五日付東亜）、政府とＵＩＭ、カトリック農民会らキリスト者グループとの対決はするどくつづいている。

ＹＨ貿易労働組合の籠城闘争の舞台となった新民党はこの事件をきっかけにして与党(共和党)との関係および新民党内の問題で大きくゆれ、今後のなりゆきが注目されている。

八月一一日以降、新民党ビルでは新民党員により抗議の籠城がつづけられ、大邱、光州の新民党支部においても籠城闘争が行なわれる。また籠城闘争の一方で、新民党と政府側はＹＨ事件をめぐって連日のはげしいやりとりがかわされる。新民党は今回の事件の責任は政府にあり、民主回復だけが労働問題の自律的かつ根本的な解決策であることを主張した。これに対し政府側は、賃金・退職金の優先支払を内容とする「賃金支払に関する特別法」制定の意図を一方で明らかにしつつ、金泳三総裁に対し、「階級闘争意識をふきこむ一連の発言は解放政党の論理から出たものではないのか」という風に新民党を攻撃している（八月一五日付)。新民党は他にも、ＵＩＭ弾圧の中止、ＹＨ労組員の釈放等を要求し、また金景淑さんの死因についての警察発表に疑義をもち質問書を出したりもしている。

新民党ビルで八月一一日よりつづけられていた籠城は、八月二八日のＹＨ貿易事件報告書の完成および金景淑さんの追悼式をもって解くことになる。しかしこの報告書も当局に押収され、それに関連して新民党員が逮捕されるということもおきている。また追悼式にも、日本でも報道されたように、参加を予定していた金大中氏、尹潽善氏らは自宅軟禁されたため参加できないという状態であった。

このような金泳三総裁を中心とした新民党と政府との対立のさ中に、八月一六日、新民党反主流派の党員が先の総裁選挙の時に非党員が投票しているので総裁選は無効であるとして、金総裁の職務停止を求める仮処分申請が裁判所に出された。この仮処分申請に対し裁判所は九月九日、訴えを認め金泳三の職務停止を決定するとともに、総裁代行に鄭雲甲大会議長を指名した。

仮処分決定以後、金泳三氏はますます政府とも対決色を強める一方、新民党内の調整にのり出す。九月一三、一四日ごろ一時は両者の間で話し合いがつきかけ、裁判所より総裁代行に指名された鄭雲甲氏が仮処分申請をした三人の党員を説得するというところまでいったが、九月一七日に調整は失敗してしまった。一七日の金泳三・鄭雲甲会談が決裂し、鄭氏が裁判所の指名を受諾したため、両者の亀裂は更に大きくなった。

政府与党側は、当初、新民党の内紛を静観する態度をとっていたが、九月一六日のニューヨークタイムズ誌に発表された金泳三氏のインタビュー記事を契機に金泳三氏への攻撃を再開した。そのインタビュー記事はアメリカ国民にカーター政権が朴正煕独裁政権を支援することを中止するように呼びかけたものであるが、与党側がこれがアメリカの介入を求めた事大主義的なものであると攻撃し、国会において金泳三氏の懲戒決議を出そうとしている。

このような中で韓国の第一〇三回定例国会は九月二一日から始まった。与党は鄭代行を支援し、金泳三氏の事大主義を攻撃する方針であり、新民党（金泳三氏）は、「民主主義的原則を固守しつつ国政審議に参加するという大前提の下に、対話と対決の両面作戦を準備」するという（九月二一日付東亜日報）。

九月二一日に開かれた国会は、「与野壇上で激突／本会議・一方的議事日程強行に野党跳びこんで」（九月二二日付東亜日報、一面の見出し）という具合であったが、与党の予定どおり一〇月二日まで休会ということになった。

同日、新民党のスポークスマンは八項目の公開質問状を発表しているが、それは、カーター訪韓後に人権弾圧・野党抑圧が激しくなったのはなぜか、ＹＨ事件について有力外国新聞でのみ遺憾の意を表面したのは事大主義ではないのか等の内容である。

今後の金泳三氏らの動きがますます注目されるところであるが、金氏が今後在野の反朴勢力と連帯しつつなおかつ政党人として新民党の反主流派を押さえ朴政権と対峙し得るのかが大きなポイントであると思う。

（『むくげ通信』五六号、一九七九年九月）

第四章　韓国を歩く

一、韓国行—日韓ＵＩＭ交流会に参加して

1

五月一五日（一九七八年）から二〇日までの六日間、初めて韓国を訪れた。日韓ＵＩＭ（都市産業宣教）の交流会に参加するためであった。

ソウルの町は、五月一八日の統一主体国民会議の代議員の選挙をひかえて「棄権せずに投票しよう」というようなスローガンがいたるところにみられた。タクシーにも「五月一八日は選挙の日」というようなステッカーがはられていた。

ソウルについた五月一五日は、ちょうど月一回の国民防衛の日であった。金浦空港からのタクシーの中で、交通の要所にカービン銃をもった兵隊がいるのを見たが、それは国民防衛の日に特に関係なかったようだ。二時間前にタクシーで田舎道を走っている時、突然サイレンがなってすべての車が道路のわきに止った。タクシーもバスもラジオのボリュームをいっぱいにあげ、乗客も運転手も車からおりて近くの日影に腰をおろした。聞いてみると国民防衛の日の軍事訓練だということだ。ラジオからは戦争の音のようなものが中継されている。私がいた田舎道では救急車がサイレンをたてて一台通りすぎただけであったが、その時ソウルの市庁前で訓練にでくわした人に聞くと実際に戦車が道のまん中を通っていたということだ。訓練で車を止められたのは約二〇分間であった。毎月一五日はこのような訓練が全韓国的に行なわれているようである。

一六日の夜には、ソウルの東大門カトリック教会で開かれたカトリックとプロテスタント合同の労働者のための礼拝に参加することができた。今の韓国では政治的な集会を開くことができないので、礼拝という形で集会が開かれるということを聞いていたが、その礼拝であった。六時から始まる礼拝に少し遅れていくと、すでに、四~五〇〇人ぐらい集まっており、会堂の中に入っていくことができないくらいであった。日本でイメージしていたこの種の礼拝は、入口できびしいチェックがあり少人数がそれをくぐり抜けて参加するという悲愴なものであったが、東大門カトリック教会での礼拝はそんなものではなかった。

教会へ行く道には二台の大型装甲車があり、目つきの悪い人間がウヨウヨしていたが、人々は三々五々集まっていた。礼拝はちょうどカトリックの池学淳司教が説教をしているところであった。池司教の説教の内容を理解することはできなかったが、聞きとれる単語より考えると現在大きな問題となっている東一紡織の女工さん達の話を中心とした労働問題について話しているようであった。池司教の説教は四〇分ぐらいのものであったと思うが、聴衆を圧倒する迫力があった。礼拝は、説教、讃美歌、お祈りと続いていたが、通路まで人でいっぱいの礼拝堂は人々の熱気でとてもむし暑かった。私は八時ごろまで参加していたが、七時半ごろから宣言書や決議文が読み上げられると、その度に、礼拝堂の中央に陣どっている若い女工さん達を中心にびっくりするほど大きな歓声が上った。

五百人ほどの聴衆は楽しく参加している風であった。讃美歌の他にも禁止とされている「おお自由」という黒人聖歌も歌われていた。

うしろの方では当局の人らしき人がかなり大っぴらに説教とかアピールとかをメモしているが、そのすぐ横で若い女の人がバラまかれた宣言文を熱心に読み、読み終ればそれを丁寧にたたんでカバンの中に入れて帰っていくという光景もあった。また、「ＫＣＩＡが…」という話を老人がしてその近くにいる一〇数人がどっと笑うというようなこともあった。まさにあっけらかんとした韓国民衆のずぶとさである。この礼拝は夜の一一時ごろまで続けられたというからおどろくほかかない。

ソウルは町そのものが活気にみちており、人々が老いも若きもたくましく生きている様に思えた。何度もびっくりするような場面にでくわした。

バスに乗った時、大きなカバンをもって乗り込んできた二五～三〇才位の男性がそのカバンを倒れないように座席にくくりつけてから、バスの後半分にいる乗客に向ってしゃべりだした。くつ下のセールスマンである。その声がだんだん大きくなるので、若い一五～二〇才ぐらいのバス車掌がとめに来るがかまわずますます大きな声でサンプルのくつ下をひっぱったりしながら宣伝をする。約一〇分間演説した後、一箱五足入、一五〇〇ウォン（約七五〇円）のものを片っぱしから乗客の膝の上においていく。その箱に手をふれると買わなければならないことになっているのか乗客も心得たもので全く手もふれない。時間がたつと全部回収してまわるが、それでも一箱だけ売れたようである。そのセールスマンは、大きなカバンに回収したくつ下の箱をつめ終るとすぐ次の停留所でおりていった。

2

日韓ＵＩＭ（都市産業宣教）交流会は、五月一七日から水原のアカデミーハウスで三日間開かれたが、その前に二日間、現場研修のプログラムが組まれていた。

日本から参加した九人のメンバーは二つのグループに分かれ、韓国のＵＩＭ活動の現場を訪問した。一日目は、東一紡織の女子労働者の闘いで知られる仁川ＵＩＭと永登浦ＵＩＭを訪れた。

永登浦はソウル市内にあり、中心街から地下鉄に乗り二〇分位のところにある。永登浦は工場地帯で大小の工場が林立している。永登浦の駅には背の高い宣教師が迎えに来てくれた。その人が、六月一九日宣教師としてのビザが韓国政府によって更新されず追放されたオーストラリア人宣教師・ラベンダーさんであった。工場地帯を見学してからＵＩＭの事務所に行ったが、途中、邦林紡織（坂本紡績）を外からながめた。邦林紡織は六千人の労働者をもつ大きな工場であった。

永登浦には北地区と南地区に各々ＵＩＭの事務所があるが、どちらのＵＩＭも主に女子労働者を対象として「勤労基準法」の学習を行なったり、信用組合・消費組合を組織したり、あるいは解雇された労働者とともに直接会社側と交渉したりしていた。

北ＵＩＭは、邦林紡織の女子労働者も数多く出入りしており、朝の出勤前の一時間、「勤労基準法」の学習あるいは漢字の勉強などをしている。漢字を習うのは漢字を知らないため不利な契約をさせられることがあるからでる。

北ＵＩＭでは主にラベンダーさんから話を聞いたがそれによると、今韓国政府はＵＩＭを目のかたきにしているが、その中でも特に仁川と永登浦のＵＩＭに攻撃を加えてきているということだ。五月の初めには北ＵＩＭの印明鎮牧師が逮捕され、また信用組合が脱税行為をしたとして二千万円の罰金を請求されている。そして、連日のようにＵＩＭの職員を呼びつけ、信用組合に加入している六百人の名簿を出せと要求している。私たちがラベンダーさんの話を聞いている間にも警官が来たし、途中で帰ってきた女子職員の話を聞くと、今まで呼び出しをうけて取り調べをされていたということだった。

永登浦の二つのＵＩＭの両方に言えることだが、訪問する前にもっていた私のイメージとは大分違うものだった。そのひとつは事務所にはかなり大きなＵＩＭの看板が掲げられていたことである。看板を出すのは考えればあたりまえのことだろうが、きびしい状況下にあるにもかかわらず堂々と看板が出されていた。

北のＵＩＭは五階建の公団社宅の一階の二軒を借りたようになっていて、事務所、台所、食堂の他に一五〜二〇帖ぐらいの集会室があった。南のキョンスＵＩＭは一戸建の家であるが四部屋あり、庭には卓球台がおいてあった。

南のＵＩＭを訪ねた時、ちょうど集会室で一五〜一六才ぐらいの女性約三〇人、牧師を囲んで話をしていた。後で聞いたところによると彼女らは解雇された女子労働者で、会社側が退職金も出さないのでＵＩＭの牧師が間に入り、一ケ月の給料の六五％の退職金を出させるべく交渉している最中であった。話の途中にも牧師が五、六人の女性労働者を連れては事務所を出ていき会社側と交渉して退職金を取ってくるということをくりかえしていた。

その奥の部屋では、約二〇人ほどの別のグループが座りこんで歌を歌っていた。私たちもそれに加えてもらったが、歌ってる歌はおそらく禁止されているであろうような労働歌が中心であった。自由を求めるもの、労働者の人権を求めるもの等であった。このような歌を大きな声で楽しく歌っているのにはおどろいた。

翌一七日は、午前中にソウルの北部にあるスラムのトンウォル教会を訪れた。トンウォル教会は永登浦ＵＩＭに比べるとみすぼらしいものだった。ソウルの中心街から車で二〇分ぐらいのところにあり、山の斜面にスラムがひろがっている。タクシーをおりてから砂ぼこりのたつかなり急な坂をのぼっていくとトンウォル教会があった。門のすぐ左に簡単なかこいをしただけの便所があり、庭には井戸があった。礼拝堂は二〇帖ぐらいあるがオンドルもなく、屋根はトタンでその上にはトタンが飛ばないように大きな石がいくつもならべてあった。日曜日の礼拝にはここに四〇～五〇人のスラムの人々が集まるという。

教会には許牧師が働いているが、他に韓国神学大学の学生がそこに住みつき、教会の仕事をしながら大学に通っている。大学生の生活しているところは礼拝堂の隅の四帖半ぐらいの部屋であるがオンドルはなく、すき間風がふき抜けるようなところであった。夏はまだしも、冬はこれでは本当に大変だろうなあと思った。

雨がふれば鉄砲水が流れるというスラムの坂道をおりて再びタクシーにのり、鐘路五街のキリスト教会館にもどり、午後、そこを出発して水原のアカデミーハウスに向った。

3

五月一七日の午後、ソウル鐘路五街のキリスト教会館前からバスにのり、日韓ＵＩＭ協議会の会場である水原アカデミーハウスに向った。アカデミーハウスは水原郊外の貯水池に面した斜面にあった。「내일 위한 집（明日のための家）」という名がつけられていた。

協議会は一七日から一九日まで三日間行なわれたが、参加したのは日本側から九人（二人のアメリカ人宣教師を含む）、韓国側から約二〇人であった。朴炯圭牧師の開会礼拝で始まった協議会は、多国籍企業問題、労働問題、公害問題、現代キリスト教宣教の問題等について報告・討論された。日本側の報告者のうち何人かがビザの発給を拒否され今回の協議会に参加できなくなったため不充分なものではあったが、私にとっては様々のことを教えてくれた協議会であった。協議会での各々の報告はここでは触れるスペースがないのでいま作成中の『第一回日韓ＵＩＭ交流会報告集』を見ていただきたいと思う。

韓国側の参加者はソウルの人が多かったが、いずれも都市産業宣教（ＵＩＭ）の仕事にたずさわっている実務者だった。済州島、釜山、清州、仁川、亀尾、栄州、ソウル等のスラムで、工場地帯で、あるいは農村で、低辺の人々とともに活動している人々だった。そのうちの何人かは、ＵＩＭの事務所に出入りするようになったため会社を解雇され、その後訓練をうけて専従者になったという人もいた。

協議会の最初にすべての参加者が自己紹介することになったが、日本人の方は英語で話すか、日本語で話して韓国語に通訳してもらうかのどちらかだった。長年勉強した英語もままならず、八年間勉強した朝鮮語もよくできないが、「ここでしゃべらねば」と思い、朝鮮語で自己紹介し、なにやかやとしゃべった。すると最初の会議が終ったあと何人かが朝鮮語で話しかけてきた。自分の伝えたいことは見ぶり手ぶりなんとか話すが、相手が自分のペースで話すとほとんどわからない。でもなんとかかんとか聞いてしゃべり、協議会の三日間でかなり勉強ができた。これも、自分より朝鮮語のわかっている日本人が横におれば恥しさもあるだろうが、自分以外に誰もわからないと思うと平気で何度も聞きなおすし、言いたいほうだいであった。

私に話かけてくれたのは解雇されて専従者になったような、英語があまりわからない地方の活動家で、時々、コングリッシュ（コリヤンイングリッシュのことをこういうそうだ）とジャングリッシュ（ジャパニーズイングリッシュ）をまぜながら話した。その一人が清州ＵＩＭの鄭鎮東牧師で、彼から清州ＵＩＭでの労働者・農民のハンストの話を聞いた。彼も協議会に参加するまで三月一五日から二ケ月もハンストに参加しており、ほんとうにやせこけた顔をしていた。彼はソウル中央のＵＩＭには批判もあり、協議会でも「日本から関係者が来たのに、なぜ現場研修にはソウル近辺のＵＩＭだけ案内するのか」と不満をのべていた。

彼からザラ紙の二五ページのビラ等をとじたものをもらった。彼はこのビラをもってかえれと言う。ビラ等は空港でとりあげられる可能性もあるので、危険ではないかと言うと、「韓国ではもうこれ以上まけない。とりあげられてもすでに当局にもわかっていることなのでかまわない。九人がそれぞれ持ってかえれば一人分ぐらい無事につくだろう」という。あっけらかんとしたものである。（『世界』一〇月号のＴＫ生「韓国からの手紙」に彼の息子の死のことがかかれている。）

水原アカデミーハウスの入口には協議会のあいだ中当局の黒い車が止っており、〝監視〟していたが、中に入ってきて妨害するというようなことはなかった。水原のアカデミーハウスは良くいえば〝解放区〟悪くいえば、〝隔離された場所〟で、その中でやることについては当局も黙認するということらしい。

アカデミーの廊下は、民主回復や労働者の人権を叫ぶデモや集会の大きな写真が掲げられていたし、会議の雰囲気も集まって会議を再発する度に、あるいは会議が長びいてつかれた時に「We Shell Overcome!（勝利を我らに）」を大きな声で歌うという具合だ。

夜のアルコールが入っての交流会のことは、おそらく一生忘れないと思う。芸達者が多く、次から次へと歌や踊りがとび出した。そこでは放送禁止歌も何もなく、「金冠のイエス」も「おお自由」も歌っていた。その中で「春歌」をもじった替歌のおもしろいのがあった。日本でも「宮本武蔵の話」などとして、髪はさわっていいがキスしてはいけない↓キスはいいが乳房はいけない↓……と徐々にエスカレートしていくのがあるが、それと同じような韓国の春歌をある人が身ぶり手ぶり豊かに歌った。韓国にもあるんだなあと思って聞いていたら次は替歌だった。それはスローガンが徐々にエスカレートし、「維新憲法撤廃はいいけど政権打倒はいけない」となっていくのである。彼らのしたたかさをかいま見たような気がした。

4

五月一九日の朝の閉会礼拝で水原アカデミーハウスでの日韓ＵＩＭ（都市産業宣教）協議会は終り、すぐバスでソウル鐘路五街のキリスト教会館に戻った。

一九日の午後に帰るメンバーもいたが、私は同行の土肥隆一氏（御影クリスチャンユースセンター）とその日はソウルの市内見物をし、翌二〇日に帰ることにした。キリスト教会館の職員に案内してもらって、ソウルの国立博物館等をかなり大急ぎであったが見学した。日本では写真でしかお目にかかれないようなものを実際に見ることができたが、この数時間が今回の韓国行で唯一の観光であった。

三時ごろに観光を終えて一度旅館に戻ったが、まだ時間があったので土肥氏と二人で平和市場にでかけることにした。平和市場はキリスト教会館から南へ歩いて一〇分ぐらいのところにあった。私の平和市場のイメージは、露店商や小さな平屋の商店が通りに面してがちゃがちゃとあり、そのうら通りにはミシンを数台おいた小さな工場があるというところであった。しかし実際は大分ちがう感じであった。

平和市場というのは三階ないし四階建のビルが二つならんだもので、その二つは二階につけられた渡り廊下で結ばれている。一階二階は主に商店でセーター、ワイシャツ等衣料品を売っている。そこはちょうど神戸の三宮～元町のガード下の商店街のような感じである。風とおしは悪く、私が行ったのは五月なのに少々むし暑くて、平和市場を端から端まで通り抜けるとほこりっぽいためにのどがガラガラになり、うがいをしたくなった。

よく平和市場の写真として日本に紹介されている工場は三階にあった。全泰壱氏が焼身自殺したころに比べれば労働条件は良くなったと言われているが、三階の工場は写真で見たそのままであった。

三階に上るとミシンの音がゴーと鳴りつづけで、四～一〇人ぐらいの労働者をもつミシン工場がずらりと並んでおり、その一〇軒に一軒ぐらいの割合でミシンの修理屋があった。真夏には大変むし暑いであろうと思われる風とおしの良くない部屋に、かなりつめてミシンが置いてあり、所狭しと布等原料が積まれ、天井からは糸がミシンにつながっている。より多くのミシンを置くためにほとんどの部屋（工場）で半分ぐらいの面積に新たに床をつくり、三階半としている。その部分は人間の背丈よりも低い。現在は禁止されているが以前はその三階半のところに労働者が寝泊まりしていたそうだ。

平和市場のビルには荷物運版用のエレベーターもない。そのためチゲックン（チゲというしょいごで荷物を運ぶ仕事をする人）が多く見られた。チゲックンは平和市場以外でも多くみうけたが、びっくりするほど大きい荷物をチゲにのせて運ぶのである。平和市場でも原料を三階に、製品を一階にというように急な階段を上り下りしていた。チゲは第一図のようなもの（木製）であるが、荷物を積みおろしのため地面におくときにはＡを出して固定するのである。

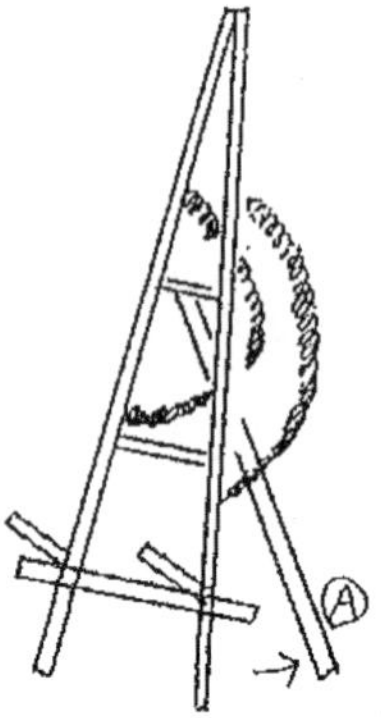

第１図　〈チゲ〉

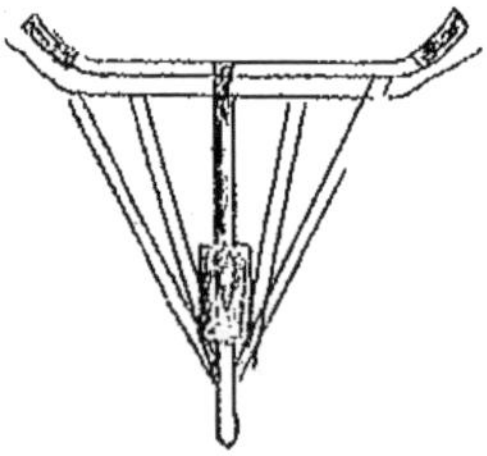
第２図　正面から見た自転車

チゲックンに関連することと思うが、ソウルの町には自転車が多い。その自転車も人間が一人のるためというよりも、荷物をのせつるためのものである。日本では氷屋さんが氷を運ぶのに使っていた自転車のような頑丈なものであるが、少しちがうところがある。ひとつは前のハンドルのところに、ハンドルの上に物をおいてもいいように第二図のように四〜八本のパイプで補強するのである。もうひとつちがうところは、うしろの荷台に大きな荷物を積みあげれるように長い棒が立ててあるということである。その棒はチゲのⒶがないもののような形になっている。現場を見たわけではないが、おそらく、チゲックンが運んできたものを自転車の運び屋が自転車に移しかえて運ぶのであろう。自転車に大きな荷物を積み上げて運んでいるのや、荷物が大きすぎて乗れないので荷車のようにして押しているのをよく見かけた。チゲックンも自転車の運び屋も△kg○ウォンとかいうように受けおって運んでいるのだろうと思われる。

一九日の夜はさそわれてＹＭＣＡホテルの近くにある酒屋へ行った。その店はうら通りにあるひなびた店で、土間に切株のような木をならべて椅子とし、中二階ではカヤグムの生演奏を聞かしてくれるという店だった。そこで飲んだ本場のマッコリの味は、また格別だった。その日はいい調子で旅館にもどり、ぐっすりと寝た。

次の日の朝九時ごろ、出かける準備をしているとキリスト教会館から電話があった。「用事があるのですぐ来てくれ」というのである。何があったのかと思いキリスト教会館に行ってみると驚いたことに前日、日本に帰ったはずの二人がいるのである。事情を聞いてみると前日金浦空港で厳しくボディーチェックをされ、公然と何枚も写真をとられた上に、フィルム、ビラ、メモ等をことごとく押収されたという。反政府的な韓国ＵＩＭのビラ等を持ち出そうとした事、観光ビザで入国しながら会議に参加したことが緊急措置法等に違反するとして押収された後四～五時間拘束されたのである。そのためその日の飛行機はなくなったのでソウルのホテルに戻ってきたというのである。

このような事態になっていることを全く知らずに、私は市内観光をしマッコリを飲んでいたということになる。

前日帰国できなかった二人と私と土肥氏は、一二時ごろキリスト教会館を出て金浦空港に向った。前日のことがあったからか、会館の前から当局の車がすぐ、私たちのタクシーを追いかけてきた。それは尾行というよりいやがらせで、途中の高速道路で時には我々のタクシーのすぐ横を追いこしたりするのである。まさに抜きつ抜かれつで金浦空港についた。空港では、昨日写された写真が空港職員に配布された様子で、我々四人が通ると職員がヒソヒソ話をしていた。また四人が待合室のソファーに座るとすぐ横に来るまで追ってきた人が座るという具合であった。

私の飛行機が一番早かったので私が先に荷物検査をうけたが、係官のうしろには車でつけてきた人が立ち合い荷物の検査をした。前日のことがあったので文書等はすべておいてきたが、係官は実に丁寧にトランクの中を調べた。一度調べてうしろをふり向くと、当局の人が「この人は……底まで……」というので、もう一度下着等を全部トランクから出し、タオルは中に紙が入っていないか何度もにぎってみるという風だった。前後の日本人観光客とは比べものにならないくらい長い時間かかって、ようやくパスした。

そして日本に帰ってきた。

一週間足らずの韓国行、はじめてにしては刺激の多かった韓国行だったが、〝百聞は一見にしかず〟、実によい体験をすることができた。

（『むくげ通信』四八号、一九七八年五月。四九号、同年七月。五〇号、同年九月。五一号、同年一一月）

二、韓国を訪ねて―仮面劇・光州

今年（一九八三年）の六月、五年ぶりに韓国を訪問した。二度目である。今回も日本のキリスト教会の代表の一人として日韓都市農村宣教協議会に参加した。六月二二日から二四日まで永登浦産業宣教会館で会議をし、その後二日間、現場研修のプログラムがあり、光州、清州、仁川を回った。その後、一日、時間がとれたので初めて慶州にも行ってきた。

特に印象に残ったことを書いてみたい。

永登浦での会議はかなりハードスケジュールで、工業化問題、在日韓国人問題等を討議したが、最後の夜の韓国キリスト教長老会タルチュム宣教会のタルチュムがおもしろかった。タルチュムは社会風刺等をもりこみながら仮面をつけて踊る朝鮮の伝統的な芸能である。鳳山タルチュムは、その最も有名なものとして知られている。

タルチュム宣教会のタルチュムは、まず、庭での農楽から始まる。庭でひと踊りした後、その農楽隊に先導されて、その時は四階の永登浦労働教会の礼拝堂に入った。そしてタルチュムが始まる。ストーリーは次のようなものだ。

農村に暮らす貧しい夫婦がいた。妻が都市にあこがれ（?）都市に出ていく。妻は都市で良い仕事も見つからずだんだんと身をもちくずし、体を売るようになる。そしてまた都市で暮すこともできなくなり、農村にもどる。農村では受けいれられ、夫との自由奔放なセックスシーンがくりひろげられる。そこへ地主とその手下があらわれ、夫をつれ出し、その妻を地主が犯す。夫との奔放なセックスシーンとは全く異る強いられたセックスシーンが展開する。最後には犯された妻が犯した地主を殺すのである。

タルチュムそのものは非常にコミカルで楽しいものだ。朝鮮語がもっと聞けたらもっとおもしろかったと思うが、見物人とのかけ合いで会場がワッとわくときも、その半分ぐらいしか意味がわからなかった。しかし、都市で身をもちくずす妻のしぐさは、お化粧のシーン、うんこおしっこのシーンなど、お腹をかかえて笑いどうしだった。

タルチュム宣教会のタルチュムは韓国の各地で行われ、それが労働者農民への教育でもある。体を許しながらも最後には妻が地主を殺す、その地主とは、他ならぬ日本を象徴しているのである。民衆の権力に対するエネルギーの一端をかいま見た思いがした。

翌日、朝からマイクロバスで全羅南道の光州に向った。三年前の光州の運動で犠牲となった人々のお墓に参るためであった。光州市街より車で四〇分程、北西へ行ったところにある市民公園墓地の一角にそのお墓はあった。墓地には一四三人の犠牲者が葬られているが、一九八〇年の光州の運動についての立札や掲示は一切ない。ただ死亡年月日を刻んだ墓標を見ると、そのあたりだけ一九八〇年五月何日とあるのでそれがわかるだけだ。韓国政府は光州の墓地がソウルの四・一九墓地のように民主化運動を進めている人々のメッカとなることを恐れて様々なことをしている。光州の墓地に掲示を出させないのもその一つだろうが、もっと露骨に、遺族にお金を払ってお墓を移転するようにすすめているのである。今年に入って四人の家族が、それぞれ政府から一〇〇〇万ウォンをうけとりお墓を他の場所に移している。

今、光州に三年前の運動に参加したため解雇され今なお再就職が出きない先生らが三〇人、重傷を負って治療を続けている者も七～八人、傷つき職につけない者五～六〇人がいるという困難な状況を聞くとき、一千万ウォンをもらって墓を移した遺族を誰もせめることなんかできないと思った。

今年（一九八三年）の五月には光州市内で二〇〇〇人が参加して記念集会が開かれ、また墓地でも五〇〇～一〇〇〇人の追悼集会が開かれた。キリスト教関係者が中心となって、死者の補償、負傷者の治療、解雇者の再就職を要求して運動が今も続けられている。

光州市民講演墓地の一角にある犠牲者の墓

一九八〇年当時、テレビのニュースでみた光州市内の道庁前等をバスで回っている時、義手義足を沢山陳列している店が目に飛びこんできた。最初は日本の大通りではあまり目にしない多くの義手義足にドキッとしたが、すぐに、ここが光州であることに気づき再びドキッとした。その店が、一九八〇年以前からあったものかもしれないが、私には犠牲の大きさを示しているように思えた。

（『むくげ通信』八〇号、一九八三年九月）

三、日韓ＮＣＣ－ＵＲＭ協議会に参加して

1

ＮＣＣ－ＵＲＭとはなんじゃいな、と思われる方も多いと思うが、ＮＣＣ－ＵＲＭは、National Christian Council Urban Rural Missionの略で、キリスト教協議会都市農村宣教のこと。まあ、キリスト教の社会派?のネットワークで、日本ではプロテスタント教会の連合会（加入していない教派もある）である日本キリスト教協議会にＵＲＭ委員会（委員長・李清一在日韓国基督教会館ＫＣＣ総幹事）がある。神戸学生青年センターもキリスト教を母体として作られた財団法人で、私もこの委員会の委員をしている。

聖ラザロ・マウル（村）入り口

私が韓国に初めて行ったのは一九七八年で、この日韓ＮＣＣ－ＵＩＭの第一回協議会に参加するためだった。訪問記を『むくげ通信』四八号（一九七八・五）から五一号（一九七八・一一）まで四回にわたって書いている。久しぶりに読み直してみると初々しいし、私のガリ版の字もかなり丁寧である。懐かしくなってむくげの会のホームページhttp://ksyc.jp/mukuge/に貼り付けたので読んでみようという方はのぞいてみてくださ

い。（当時の協議会はＵＩＭ協議会だか、これはUrban Industrial Mission、都市産業宣教。ＵＩＭは農村問題の視点を重視しなければならないとの観点から日韓ともＵＲＭに変更。）

2

日韓の協議会はその後も日本と韓国で開かれ今回の協議会が七回目となる。一〇月四日～七日（二〇〇五年）、ソウルの南・儀旺市のカトリック教会の施設「聖ラザロ・マウル（村）」で開催された。主題は「〝生命〟〝平和〟〝共同体〟」、参加者は、日本より一六名、韓国側が三九名。「世界のグローバル化と貧しくされた者の選択」をテーマにした韓国聖公会大学副学長の朴スンウォンさんの講演のあと、農村宣教、外国人労働者、労働運動問題についての発題があり分科会も開かれた。

協議会のようす

会議の最後に採択された共同声明では「私たちはこの会議をとおして相互の宣教経験を分かち合い、多くの慰めと勇気を得ることができた。また世界的規模で押し進められている巨大な悪しき力に立ちはだかって〝神の人〟としてどのように生きなければならないかについて話し合った」結果として日韓の教会、政府に次のことを要望した。キリスト教用語が多く違和感を持たれる方もおられるかもしれないが紹介する。

〔日韓両国教会に〕

一．新自由主義市場経済秩序は、神が望まれる秩序ではない。／二．私たちは、神の正義に基づく〝生命〟〝平和〟〝共同体〟の価値がより普遍的であり、より持続可能な社会を作っていく価値であると確信する。／三．グローバルな巨大な闇と不義の勢力に立ち向かう道は、私たちがキリストの霊性に活かされ歩んでいくことである。／四．私たちは優先的関心を弱者の苦痛の声に置く。／五．私たちのめざす宣教は、苦痛を受ける人々を慰めるだけでなく、彼（女）らの苦痛の声を、あらゆる社会構成員に理解させ、拡散させることである。／六．私たちはこのような努力のために、日韓URM交流三〇周年となる二〇〇八年まで日韓両国それぞれの場で実践し、継続的連帯と対話を続けるであろう。

〔日韓両国政府に〕

一．無条件的な労働市場流動化政策に反対する。／二．社会の両極化を加速させる現政策を是正し、人権に基づく労働政策を実施せよ。／三．農民と合意のない自由貿易協定に反対する。／四．食糧主権と農民の生存権を保障せよ。／五．不合理な農政を改革し、農村の文化的価値を保全せよ。／六．外国人研修制度を完全廃止し、雇用許可制を全面実施せよ。／七．外国人移住労働者に対する人権侵害を即刻中止せよ。／八．難民と移住労働者に対する収容施設を改善し、彼（女）らの人権を保障せよ。

会議の終了後にはフィールドワークがあった。コースは二つで、農村コースと都市コースだ。後者は、外国人労働者、スラム等で活動しているグループを訪問して交流するものだ。農村グループは、江華島で農村活動の交流と観光だ。私は、農村グループに参加した。江華島に一度行ってみたかったのである。

江華島は、有機農業等を進める農民の活動が盛んな地域だ。いま日本でも「地産地消」が言われているが、江華島を含む仁川市の学校給食は、ほぼ一〇〇％達成しているという。キリスト教関係の農民運動も盛んだが、これには江華島の特別の事情もあるようである。韓国は日本に比べるとキリスト教の割合が圧倒的に多く二五％とか三〇％とかいわれる（日本は一％）。訪問した行政の施設である農村センターには、キリスト教の「江華島環境農民会」の事務所があり、会長のキム・ジョンテクさんからお話を伺った。

キムさんは、仁川URMの専従者をしていたが、URM運動の新たな方向を模索していて、この活動にたどりついたという。農民会は、監理教（日本ではメソジストという）の教会が中心になっているが、江華島はなんと監理教の信徒が島全体で五〇％になるという。全国的にも珍しいことらしい。韓国のキリスト教人口の多いことに関するひとつの説は、キリスト教各教派が朝鮮に入ってきたとき教派間で調整がうまくいき、お互いに他の地域を侵食しないとしたことが各地域でのキリスト教の拡大につながったという説だ。江華島を含む地域はそれが監理教だったのである。現在の江華島には他の教派もカトリック教会もあり、プロテスタントとカトリックをあわせたら人口の八〇%にもなるとうかがった。驚きである。

3

江華島は江華島事件で有名だ。一八七五年、日本の軍艦雲楊号が「水の補給を求めて」挑発的に狭い海峡に入ってきたので、朝鮮側が発砲したと学んだ。ソウルに入る交通の要所である江華島には砲台も多くあるが、一三〇年前のことを思い浮かべながら砲台を見学した。

砲台のひとつ

私の飛行機だけが朝早かったので、この日(七日)は儀旺市には戻らずに、ひとりでソウルに泊まった。復活した清渓川に水が流れたのが一〇月一日、私はさっそく見に行った。西から東まで全部という訳にはいかなかったが、満喫した。威圧感のある高架道路が川に変わったのだから本当にたいしたものである。一九七八年の協議会の時には、焼身自殺をした全泰壱さんが働いていた平和市場を見学したが、そのビルもその高架道路の北側にあった。いま、その付近に全泰壱さんのモニュメントが出来ているらしいが、今回、そこまで行く時間がなかった。次回には訪問したいと思う。あわただしかったが、充実の四日間だった。

（『むくげ通信』二一三号、二〇〇五年一一月）

第五章　現場を綴る

一、神戸の現場から

神戸の一角に神戸学生青年センターがある。それなりに「地域活動」をしているが、その「地域」のイメージがよくない。いや、よすぎるのである。

六甲は神戸でも有数の高級住宅地。ここで地域運動をイメージすれば、立派な家を持つ人々がマンション建設に反対する運動という感じで、私にはなじまない。

学生センターは一九七二年に、日本キリスト教団によって作られた財団法人である。七〇年安保闘争を経て、広く市民に開かれた場を、と作られた。建設費がなかったため、地上権を売る等価交換方式で八階建のマンションを作った。今から考えれば建設会社にだまされたようなものだが、学生センター部分を得た代わりに二階以上のマンションは三戸をのぞいて建設会社のものになった。そしてそれらはすぐに転売された。学生センターのマンションを見て、その立派さにおどろき、学生センターの金持ちぶり（?）をうらやむ方もおられるが、マンション部分は他人のものなのである。

学生センターは先のマンション建設反対運動には参加しないが、広く人々の解放を求める運動の拠点にはなっているだろう。学生センターは①場の提供、②セミナーの主催、③資料の収集を三本柱にしている。③は財政的に不足のため中断しているが、①はユースホステル的な宿泊施設をもち年間五千人の宿泊あるいは各種の集会に場を提供している。これはまた重要な営業部門でもある。これに比べなんぼやってもいつも持ち出しになるが、この十五年間、続けてきているのがセミナーである。

学生センターのセミナーのことを「よくあきもせず、タネ切れにもならず十五年間もやってるナァ」と言う人がある。実をいうと、あきることもあるし、タネ切れになることもあるのである。セミナーの三本柱は、食品公害、朝鮮史、キリスト教史である。それぞれ毎月一回開いているので百四〜五〇回ずつ開いていることになる。録音テープもほぼ完璧に保存しているがその量も四百巻ぐらいになる計算だ。

食品公害セミナーは、農業、環境、原子力等に視点を広げ、一方では「食品公害を追放し安全な食べ物を求める会」を生み出し、その「求める会」は阪神間で一、三〇〇所帯を組織して活動している。学生青年センターのウーマンパワーをみて「おばさんセンター」ではないかと言われるゆえんである。

朝鮮史セミナーは日本社会に根強く存在する朝鮮（人）差別をなくすべく始められ、取りあげたテーマも古代から現代、風俗・習慣から文学・芸術、在日朝鮮人問題に及ぶ。『解放後の在日朝鮮人運動』などの講演集が出版されているが、四種類で計一八、〇〇〇部出ているのでこの分野ではベストセラーかもしれない。朝鮮（人）への偏見が複合的であるだけにその解消のための運動は複合的にやっていかなければならないと考えるが、朝鮮史セミナーもその一分野を引きうけていると思う。朝鮮史セミナーの落し子として生まれた朝鮮語講座も今では四クラス五〇名の所帯になっているが、毎年三月に開く学芸会に出席する大人達を観てよろこんでいる子供達の顔などを見ていると、これもまた一つの分野なのだと思う。

キリスト教セミナーは、日本の近代キリスト教史の功も罪もみつめなおすべく、「近代日本とキリスト教」「現代キリスト教セミナー」と名称を改めつつ続けている。

学生センターは六甲の地域センターとしてあるだけではその地域性からして少々いびつになりそうだ。阪神間の交通の便の良い所にあることを利用して更に運動の「拠点」としたい。昨年、ロビーに書店をオープンし、セミナー関係の書類、パンフレットを販売しはじめたのもそのための一つの試みだ。資金不足で中断している資料収集はセミナー関係の一六ミリフィルム、ビデオを収集し広く貸出しを行うという形で再スタートしている。ビデオは二百巻にもなっており、中には韓国のマダン劇の録画など貴重なものもある。

金のある者、権力のあるものはしゃくなことに大きく連合している。教育をおさえ、テレビをおさえ、スポーツまでもおさえている。――ダブル選挙の大敗のイライラの時にこの文を書いているので少々熱してきた。――しかし我々はもっているものをとことん利用して、ないものは「であい」を通して分けあいながら、闘っていく他ない。学生センターには「兵指共（兵庫指紋拒否を共に闘う連絡会）」をはじめいくつかの運動体が雑居している。狭いながらも楽しい「拠点」！

多くの人々との新たな「であい」に期待しながらがんばっていきたい。

（『であい』一四号、キリスト教在日韓国朝鮮人問題活動センター、一九八六年八月）

二、共に生きる社会をめざして1

①共に生きる社会

七〇年安保で大学闘争の盛んな時期、私は大学に入った。先頭に立って旗をふることのできなかった私も社会に目覚めていった。

ベトナム反戦運動、沖縄返還運動から在日朝鮮人問題に接近した。ベトナム戦争が遠い国の戦争でなく日本の沖縄を始めとする米軍基地が関係していること、一方、日本国内ではそれとうらはらに人間が人間を差別する構造が存在していることを知った。そんな時、出入国管理法案という在日外国人への管理・抑圧を更に強化する法案が国会に上程された。四回も上程され結局、廃案となったが、その反対運動の中で私にとってショッキングなことがあった。それはある在日中国人からの私たち日本人への指摘であった。

「きみたち日本人は出入国管理法案がでた時にだけ反対運動をしてたらいいが、私たちはそうはいかない」

持続性のない場あたり的な運動への痛烈な批判で、全くそのとおりだった。やはり腰をおちつけてとりくまなければ、彼らの信頼を得ることはできない。また、なにより自分自身に納得がいかない。その後、いろいろと曲折があったのだろうがよく覚えていない。しかし「朝鮮」と向きあうことに決め、今日までやってきた。

「朝鮮」はそのすべてが私にとって重かった。日本の朝鮮侵略、在日朝鮮人の歴史・現状など。歴史を勉強し、言葉も勉強した。孫振斗（朝鮮人被爆者）事件、中京煥事件（強制送還）にもかかわった。そんな中で次第に朝鮮が「軽く」なってきた。「偏見克服」のために一生懸命肩ひじはって愛さねばならないと取り組んだ朝鮮が、もはや理屈もがんばりも必要なく自然体で構えれるようになったのではないかと思う。

指紋問題をとおして在日朝鮮人と「共に生きる社会」が望まれているが、それは日本人にとっても在日朝鮮人にとっても必要なものであり自然な社会であろう。

（『キリスト新聞』、一九八七年一月二四日）

②「群れ」の消滅

私の働く神戸学生青年センターで、付近の学童保育のグループと「子ども考」というセミナーを始めた。路地裏から子どもの姿が消えて久しい、というよりは路地がせまくなったようだ。私が子どものころ道に穴をあけてビー玉をしたり、五寸くぎで「くぎさし」もした。一人前に遊べない時にもガキ大将は「ほうらっきょう」（神戸弁で、例えば鬼ごっこの時、さわられても鬼にならないが参加させてもらう子ども）として仲間に入れてくれたし、裏山で竹をとってきて、大根てっぽうや杉でっぽうをつくったりした。

「子ども考」でも、現代の子どもたちが「群れ」をつくって遊ばないこと、つくるあそびをしないことなどが話題となった。子どもの時にナイフなどで遊ばなかった人が三〇歳ぐらいで外科医となって、知識があっても手先の器用さが足らなくて満足に手術ができない話しなども出てきてみんなでびっくりした。

話ははずんだが、今の子どもの、例えば「群れ」をつくって遊ばない、あるいは遊べない原因がどこにあるのかをあれこれ考えてみた。塾やおけいこごとなどで忙しくて時間がない、遊びの質がファミコンなど個人的なものになっている、適当な遊び場所がないなど。やはり現代社会の問題がそこに反映していることはまちがいない。

さて、親の「群れ」はどうか。子どものころをふりかえってみても、親のつきあっているとなり近所の家の子どもたちとよく遊んでいた。近所の家に勝手に入りこむことも多かったが、親どうしがケンカしている家には行きにくかったりもした。今、子どもたちが「群れ」をつくって遊べないのは、親の「群れ」の問題、ひいては地域社会のありようの問題ではないか。そして、そもそも親の「群れ」が存在しているのか。反省することしきりであった。

（『キリスト新聞』、一九八七年三月七日）

③人権としての「指紋」

外登法の指紋押捺を拒否したことによる裁判が、全国各地で起こっている。兵庫の地でもロン・フジヨシ氏に続いて梁秦昊氏の裁判が始まった。これまで様々な観点から論陣がはられ、指紋押捺制度が在日外国人の「公正な管理」のためのものでなく、法務省の主張する「同一人性の確認」のために機能していないことが明らかになってきている。

にもかかわらず日本各地の裁判所は、一様に罰金刑の有罪判決を出している。一件ぐらい「違憲＝無罪」の判決がでてもいいのに、と思いながら各地で外登法の抜本改正を要求する運動の一形態として裁判に取り組んでいるのである。

このような中で法務省が、押捺を初回のみとする、登録証をカード化するなどを盛りこんだ「改正案」を提出した。五月の連休明けにも国会審議が始まるのではないかといわれている。この法案は私たちの要求している抜本改正とはほど遠いもので、反対運動が続いている。問題の多い「改正案」の中で、法務省が「豹変《ひょう》」したことについてだけ考えてみたい。法務省はこれまで一貫して「五年ごとの切り替え時に同一人性確認のために指紋が必要」と言ってきた。写真だけでは不十分で五年ごとに指紋を押させ、それを五年前のものと比べて同一人であることがわかるとのことだった。それが今回、一六歳の時だけでいいという。

そもそも、警察が一回押捺でいいというのならわかるが、法務省が「一回でいい」なんて言えるはずがない。同省の役人も誌上で、「一回押捺にするとそれは在日外国人に対するイヤガラセ以外のなにものでもない」という発言をしたこともあるくらいである。

指紋の問題は、再審で無罪の確定した梅田義光さん（北海道北見市）が、逮捕時の指紋返還を要求した例にもみられるように、広く基本的人権の問題として理解され始めている。指紋は人権の象徴ではなく、人権そのものなのだ。

（『キリスト新聞』、一九八七年四月一八日）

④小尻記者の人権感覚

五月三日（一九八七年）の朝日新聞小尻記者が凶弾にたおれた事件は、まだ記憶に新しい。小尻記者と取材を通じて知りあった私が、どうしても書いておかなければならないことがある。

彼は指紋押捺問題で精力的に記事を書いたが、兵庫（尼崎）の拒否者・金成日《キムソンイル》氏が逮捕され、午後に釈放された時のことだ。金氏は多くの新聞記者、放送記者の前で、早朝の逮捕、取り調べの様子などを語った。そして、警察署内で十指指紋をとられるときのこと、強制具を用いられたことも話した。記者会見後、この強制具による指紋採取について、金成日氏と私は「最近の警察はメチャクチャするなァ！」と憤りながらもあきらめの境地で話をしたものだった。

小尻記者は記者の一人として強制具の話を聞いていた。他の記者が「問題」としなかった強制具のことを彼は問題としたのである。さまざまなグループに問い合わせて逮捕された時に強制具による指紋採取が行われたことがないことを調べた。また、再び金成日氏を訪ね、強制具のイラストを描いてもらった。そして翌日の朝日新聞にそのことをスクープしたのである。その後、神奈川県でも強制具がそれ以前に使用されていることを調べてスクープしたのも彼である。

「人権」のために運動している私の人権感覚は、マヒしていたということだ。強制具による指紋採取なんて許されていいはずがないのだ。たとえ前例があったとしても、ダメなものはダメなのだ。そのことを小尻記者が私に教えてくれた。

指紋押捺拒否者が警察の任意出頭に応じないからといって逮捕されていいはずがなく、まして強制具による指紋採取は許されない。今、金成日氏は、県と国を相手に国家賠償請求訴訟を闘っている。

暗い時代を暗示するような朝日新聞襲撃事件で死亡した小尻記者の人権感覚こそ、我々は受け継がなければならない。

（『キリスト新聞』、一九八七年五月三〇日）

⑤ライフスタイル総点検

夏休みの計画を立てながら昨年（一九八六年）夏、琵琶湖でのことを思い出した。

仲間と共に北琵琶湖で合宿をした。早朝、レンタサイクルで湖畔の快適なサイクリングロードを走ったが、田園の一角にもうもうたる白煙を見つけた。近付いてみると田んぼにまいている農薬である。目が、鼻が痛い。マスクをして散布している農民も大変である。

「あっ！　この農薬は琵琶湖に流れ込んでいるのだ」と思った。琵琶湖は関西の水がめである。私の住む神戸も例外ではない。有名な「神戸ウォーター」も今や、パックでしかお目にかかれないのである。

考えてみれば、農薬規制が厳しくなったとはいえ、水源となる流域で使用が禁止されているということはないのである。琵琶湖に農薬が流れ込むことは当たり前のことかもしれないが、目の前でもうもうたる農薬の白煙を見るとショックだった。

「毒」を飲まされるから、自分の体がむしばまれるから農薬の使用がいけない、というのではない。楽しんで農薬をまいている農民が一人とているわけがない。街に住む者も村に住む者もすべての人間の生活のありようが問われているのである。

本年（一九八七年）二月、栃木県のアジア学院を会場に、NCC・URM（日本キリスト教協議会都市農村宣教委員会）主催で「現代農業とキリスト教」をテーマに、有機農業を体験するセミナーをもった。私も委員として参加したが、生活のありようが問われるものであった。

私のセンターでも大学生が中心になって今夏、第一回の有機農業ワークキャンプをする。共に汗を流すことが基本で、講義らしきものはない。短期間の体験で何かが変わるわけでもない、という気もするが、使い捨てに慣れ、農業を知らずに食べものを口にしている生活の根本を考えてみる手助けとなるだろう。今やはり、ライフスタイルの総点検が必要なようだ。

（『キリスト新聞』、一九八七年七月一一日）

⑥暴力団追放に思う

団地から、あるいは町内から暴力団を追放しようという動きがある。先月も、マンション内の暴力団員を追放するために裁判に訴え勝訴したことが「朗報」とマスコミで伝えられた。

マンションの場合、数年前の法改訂により四分の三以下の賛成があれば、特定の住民の退去を要求することが出来るようになった。また、退去しないときにその住居を管理組合が、競売の形で買い取ることも出来るという。

なるほど、暴力団の反社会的行為には目にあまるものがある。実際に近所に暴力団事務所があり、その抗争のために危険を感じている人の気持ちは、その人でないと分からないこともあり、同情に値するものだと思う。しかし、相手が暴力団ということで「合法的」に退去を要求できることが手放しで喜べることなのだろうか。

「暴力行為等処罰に関する法律」というのがあるが、これはおそらく暴力団等を念頭において成立した法律だと思う。しかし、七〇年安保闘争の時、私も属していた神戸べ平連の事務所が一度だけ「家宅捜索」を受けたことがあるが、それはこの法律に基づく「容疑」であった。神戸のアメリカ領事館にデモに行ったことが「集団脅迫」になると捜索され、結局、何もなかったが、「暴力行為……法律」違反容疑で、捜索されたことは重大な事実であった。

よくいわれるように、法律は出来てしまうとひとり歩きする。暴力団のための法律が、政治のありように反対する人びとに向けられることはありうる。凶器準備集合罪も暴力団の抗争より反政府デモに適用されることの方が、ずっと多いのではないだろうか。

しきりに警察官が出入りすることを理由に暴力団の退去を要求する話も聞いた。戦前の歴史を思い起こせば、昨今の暴力団追放運動に素直に拍手を送れないのは私ひとりであろうか。

（『キリスト新聞』、一九八七年八月二二日）

⑦「帰化＝マヨネーズ論」

「帰化＝マヨネーズ論」というのをご存知だろうか。日本では外国人が日本国籍を取得するには帰化をする必要がある。日本の帰化制度は単に日本国籍を得るだけでなく、そのために「日本人化＝同化」を要求されるところが問題とされてきた。かつてギタリストのクロード・チアリが帰化申請をして長い間、待たされた。その時、帰化の先輩である故ロイ・ジェームスは「日本国を愛する気持ちを訴えなければ」と助言しているが、帰化にはそれなりの忠誠心が必要とされ、かつそれを表現しなければならないらしい。帰化申請をした朝鮮人が、法務省の役人が家庭調査に来る時、チマチョゴリの人形などをおいていては絶対いけないとはよく言われることだ。

また、帰化が難しいとされる一方で、戦後十数万の外国人（その約八割は朝鮮人）が帰化によって日本国籍を取得したことも事実である。

さて「帰化＝マヨネーズ論」だが、これは法務省の役人自らの表現だ。マヨネーズは卵と油を徐々に混ぜて出来る。一度に合わせると分離してしまう。帰化も同じで徐々に混ぜ合わせて全く別なものを作り出すというのである。そこには民族の主体性を認めようなどという考えはみじんもない。

日本は単一民族である、というのは中曽根首相の発言だ。約七〇万人の在日朝鮮人の存在を考えた場合だけでもそれがウソであることは分かる。

私たちが望むのは単一民族社会ではない。またマヨネーズの社会でもない。

私たちが望むのは「サラダボール」の社会だ。サラダはその中のトマト、レタス、キャベツ……それぞれが、そのものとして存在している。トマトはトマトの味がするし、レタスはレタスの味がする。それでいて全体がサラダとしておいしいのである。

日本社会は名実ともに多民族社会とならなければならない。

（『キリスト新聞』、一九八七年一〇月三日）

⑧足もとの歴史

一〇月（一九八七年）の終わり、兵庫県武庫川の河原で韓国・サムルノリの演奏を聞いた。伝統的な四つの打楽器によるパーカッションで、そのリズムにみんな酔った。

演奏に先立ち、朝鮮式のとむらいの儀式が行われた。一九二〇年代、氾濫《はんらん》を繰り返していた武庫川の護岸工事に従事した朝鮮人労働者をとむらうためである。当時、延べ六〇数万人の労働者がこの工事に従事したが、その約三分の一、二〇数万人が朝鮮人であったという。

一九七〇年代に私もかかわった在日韓国人の強制送還事件の申京煥さんも武庫川の中流、宝塚市伊孑志《いそし》出身だったが、その伊孑志の旧名「ヨンコバ」もこの武庫川改修工事に関係があった。二〇年代の工事のために川の下流から四つの飯場ができ、それらは第一工場、第二工場、……と呼ばれていた。ヨンコバはその第四工場がなまったもので、現在も四〇数軒のほとんどが在日韓国人である。

戦前の土木工事のほとんどに朝鮮人も駆り出されたといっても過言ではないと言う。阪神間では、武庫川改修工事の外にも阪神国道、伊丹飛行場、神戸有馬鉄道（現在の神戸電鉄）など多くの土木工事に朝鮮人が従事したことが確認されている。また太平洋戦争期には強制連行された朝鮮人が軍需工場等で労働させられたと考えられる。いずれも日本の近現代史の中に正しく位置づけられることが必要なことでありながら、その実態は明らかでない。

先の武庫川の河原には戦後もバラックが立ち並び、行政当局はそれを「不法占拠」だと立ち退きを要求していた。そして六〇年安保闘争の翌年、強制代執行が行われたのである。現在、サイクリングロード、公園等に変わっている河原に、六八四世帯、二、一七五人が住んでおり、その内一三七世帯、五二九人が朝鮮人であったという。

日本人の責務として足もとの歴史を記録する大切さを思う。

（『キリスト新聞』、一九八七年一一月一四日）

⑨大逆事件、神戸多聞教会

雑誌『世界』一〇月号（二〇〇九年）を久しぶりに買った。「安重根『東洋平和論』」の記事があったので、買ったのだ。伊東昭雄さんの解説がすばらしい。この論考の完成まであと一五日待ってほしいという安重根の希望は聞き入れられずに処刑されたという。安重根の素晴らしい人間性に触れた日本人の役人がこの論考を複写して残されたという、などなど…。

せっかく買ったのだからと、ぱらぱらと見ていたら、田中伸昭「大逆事件一〇〇年の道ゆき〈一〇〉」に、「神戸・夢野村の女性」の見だしがあった。その部分を読んだ。夢野は、私の生まれ育った神戸市兵庫区都由之町から西へ一キロほどのところだ。大逆事件に関係のある人が夢野にいたのか…。

一八七六年高知生まれの小松丑治は、九八年に神戸海星病院の事務職員になった。小松は、『平民新聞』の読者で、一九〇四年九月に「神戸平民倶楽部」をつくり社会主義の勉強を始めたという。大逆事件の最後の人物として起訴された小松は、一九三一年五月一日、長崎刑務所から仮釈放されたのである。

兵庫の在日朝鮮人史研究の先輩として交流のあった故・小野寺逸也さんが、「神戸平民倶楽部と大逆事件」(『歴史と神戸』一三巻一二号)をいう論文を書いていることも、この『世界』の文章で知った。

小松の妻・はるは、夢野に住んでいて日本基督教団神戸多聞教会の会員だったのである。小松の二〇年の獄中生活のときに、彼女を支えたのが神戸多聞教会の今泉真幸牧師だったという。

実は、私はこの神戸多聞教会の会員なのだ。不真面目な信者で、たまに教会にいったときに「きょうは飛田さんが来られました」などと紹介されるので、ますます?行きにくいのだが……。「夢野」から偶然知ることになった「多聞教会」「小松はる」に、驚きながら、不信心もさらしつつ書き留めた次第である。はい。

（「ゆうさんの自転車／オカリナ・ブログ」http://blog.goo.ne.jp/hidayuichi/ 二〇〇九年一〇月七日）

三、共に生きる社会をめざして2

①外国人には日本で「最低限度の生活」をする権利がない？

私が、裁判の原告になることになった。これまで、古くは孫振斗さんの原爆手帳の裁判や中京煥さんの強制送還の裁判、新しくは金成日さんや梁泰昊さんの指紋関係の裁判の事務局には何回か関わったが、こんどは自分自身が原告になったのである。

そのいきさつとその意味するところを書いてみたい。

一九九〇年三月、神戸市内の日本語学校に通っていたゴドウィンさん（スリランカ人）が、くも膜下出血で倒れて病院に運び込まれた。幸い手術は成功し一命をとりとめた。その時の治療費が約一六〇〇万円。本人に支払い能力がなく、神戸の灘福祉事務所は生活保護を適用し、その治療費を支払ったのである。これで終われば「事件」とはならず、いざ裁判！というようなことにもならなかったのである。

その後、このことが「神戸市／人道上見過ごせぬ／外国人就学生に異例の医療扶助」と新聞に報道されたことを契機に、厚生省が神戸市にクレームをつけたことから「事件」が始まったのである。私自身も知らなかったことだが、生活保護費は七五％を国が二五％を地方自治体が払うことになっている。今回のゴドウィンさんの場合は、一二〇〇万円を国が四〇〇万円を地方自治体すなわち神戸市が支払うことになった。ところが同じ九〇年の一〇月、厚生省は神戸市に対してゴドウィンさんのケースについてはダメだと言ってきたため神戸市は、国が支払うべきはずの一二〇万円を肩代わりして支払うことになってしまったのである。

厚生省は、在日朝鮮人ら永住者には生活保護を適用してもいいが、「生活をしていない」留学生や就学生には生活保護を適用してはいけないと言うのである。九〇年一〇月に出されたこの指示は「口頭」で出されたものであるが、在日外国人に対する生活保護の適用に関する文書による通達は一九五四年に出ている。それは、五八年、六三年、八二年の改訂をへて現在も有効なものであるが、それには、外国人が「急迫な状況にあって放置することができない」ときは適用することになっている。この通達に従って神戸市はゴドウィンさんに生活保護を適用したのであり、ほかの地方自治体でも同様のケースはあるのである。なにも神戸市だけが突出して、人道的見地から、法律を無視して適用したというのではない。つまり、九〇年一〇月の厚生省の「口答指示」は、これまでの通達を変更する重大な内容を含んでいるのである。

このゴドウィンさんのことは、各地で外国人労働者問題に取り組む人々の注目するところとなった。京都で同じくくも膜下出血で倒れたブレンダさん（フィリピン人）に対する生活保護の適用も問題となったが、ゴドウィンさんのケース以降の厚生省の態度をみて、自治体としては生活保護の適用を最後までできなかったのである。生活保護をあつかう福祉事務所は、ゴドウィンさんのような場合は、従来、生活保護の適用によって治療費の支払いをすることができたのに、今後はその道が閉ざされたことに困っており、あるケースワーカーは第二のゴドウィンさんが自分の担当にならないことを祈るしかないといっていた。実際、このような状態では、治療費が払えない外国人が病院を「たらいまわし」され取り返しがつかない事態が生じないとはいえない。時によっては国際問題になる可能性もあるが、外務省の役人は厚生省とは違ってそこらあたりのことを分かっているからか、次のように発言をしている。

「生活保護の適用についても、外国人が治療費を支払う能力がないような場合は、病院をたらい回しされるような事態を防ぐために不法就労者であるか否かを問わず生活保護を適用し、医療扶助を与えるべきで、不法就労者であることによる退去強制の問題はその後で考えるべきものであろう」（『外交フォーラム』九一年八月号）。

このような厚生省の態度を改めさせるための裁判は、神戸市民だけができることになっており、私を含めて五名が原告となって裁判を提起したのである。よく自治体の接待費が問題となって不当な支出を返還させる裁判があるが、それと同じである。Ａ市長がＢさんに一〇万円不当に接待したとしたら、住民監査請求ののちに、Ａ市長はＢから一〇万円を取り返せ、あるいはＢはＡ市長に一〇万円返せという裁判もできるのである。今回は、そのＢさんが厚生省に変わったというもので、不当な接待費ではないが、当然国が支払うべきお金を神戸市が支払っているのだから、厚生省は神戸市に一二〇万円返せという裁判になるのである。原告は神戸NGO協議会の草地賢一さん、神戸YWCAの寺内真子さん、教団神戸北教会牧師の藤原一二三さん、婦人矯風会の竹本睦子さんに私の五名である。第一回の裁判は（一九九一年）六月三日（水）午後一時から神戸地裁で始まる。

（『であい』第二六号、キリスト教在日韓国朝鮮人問題活動センター、一九九二年四月）

②在日外国人への生活保護

神戸でスリランカ人の生活保護の適用をめぐって裁判が始まっている。

一昨年（一九九〇年）、神戸で日本語学校に通っていたスリランカ人のゴドウィンさんがくも膜下出血で緊急入院した。この間の治療費は約一六〇万円。神戸市は生活保護を適用して支払い能力のないゴドウィンさんに代わってその治療費を支払ったのである。もともと、在日外国人への生活保護の適用については通達により、「緊急の場合」には外国人登録証の呈示がない場合などにも適用されることになっていたのである。

ところがこのゴドウィンさんのケースが新聞に報道されてから厚生省は、永住者・定住者以外の外国人に生活保護を適用しないようにという「口頭指示」をだしたのである。すでにゴドウィンさんに生活保護を適用した神戸市はこの指示を受けて困ることになった。生活保護費は、四分の三を国が、残りの四分の一を地方自治体が支払うのである。今回のケースでは、一二〇万円を国が、四〇万円を神戸市が支払うことになっていたのである。

すでに支払いを済ませている神戸市がこの厚生省の指示に従って国が払うべき一二〇万円を支払うのか、あるいはあくまで国にその支払いを求めるのかが注目された。結局、神戸市は国に請求せずに肩代わりをしたのである。

そもそも緊急入院した人に、国籍を問うてから、あるいは、在留資格を問うてから手術をするかどうかを決めるなどということはできないし、してはいけないことなのである。外国人労働者を締め出すことに今回の指示のねらいがあるのかもしれないが、厚生省の「指示」はそのできないこと、してはいけないことをせよというのである。

われわれ五名は、まず住民監査請求をした。われわれの税金を無駄づかいせず、ちゃんと厚生省に一二〇万円請求せよという内容であった。それが却下されたので、神戸市長に代わって国に請求書をつきつける、住民訴訟がはじまったのである。

生活保護は憲法に決められた最低限度の生活ができる（生存権）のためのものである。それが外国人にはないということなど許せるわけがないのである。

（『働く人』、日本基督教団社会委員会・伝道委員会、一九九二年一一月一日）

③コンポスト

コンポストもだいぶ知られるようになった。大きいバケツをひっくり返したようなものに猫よけ（?）のふたがついている。生ごみをほうりこむと堆肥になるという本当にエコロジカルなものである。

我が職場の神戸学生青年センターでは一八年前より「食品公害セミナー」をひらいている。食品公害を出発点に農薬、原発、薬、有機農業、環境などの問題をとりあげ、毎月第三水曜日午前十時から始まる。ゴミ問題も何回かとりあげたが、ある講師が生ゴミの話でコンポストにもふれた。

なにかにつけて体験主義の私は、そのうちやらねばと思っていたら、神戸市がコンポストに補助金をつけるという報道があった。ではこの機会に、と始めることにした。我がアパートには置く場所がないので学生センターの庭に置いた。失敗したコンポストの先輩は、水分の調整がむつかしく、くさくて変な虫がたくさんわき挫折したとのこと。

私は説明書どおりに少し地面をほってコンポストを埋め、できるだけ水を切った生ゴミをほうりこむことにした。私以外にもセンターの職員もほうりこむ。直径六〇センチ、高さ一メートル程のものなのでどんどん入る。やはり水気が多すぎるようなので、枯葉などもどんどん入れた。特別な発酵剤は使わなかった。

ビックリしたのはゴミの減り方である。しばらくすると、なにやらわけのわからぬうじ虫を大きくしたような虫がうようよと湧く。その食欲の旺盛なこと。これでもかこれでもかと生ゴミをほうりこんでもすぐベチャンコになる。一〇トンの生ゴミが処理できるという説明書をみんなで

「ウッソー」などといっていたが本当だった。コンポストの容積の一〇倍程度はちゃんと受け付けるようだ。

でも秋から冬になるとその虫は湧かなくなるが、別の小さな虫がそれなりに食べている。やり始めて七、八カ月たちようやくいっぱいになりかけてきた。さあ開けよう、という話もでたがまだ完熟堆肥ではなさそうなので、そのままほっておいて、まだ神戸市の補助金に間に合いそうなのでもうひとつコンポストを買うことにした。こんどは下の部分に取り出し口のあるすこし高いのを買った。そしてまたまた数カ月どんどんどんどんほうりこんだ。

先日、両方がいっぱいになって古い方をあけたら、良質の堆肥、とはいえないがそこそこのができていた。二個のコンポストがあれば五家族ぐらいの生ゴミはＯＫというのが私の結論だ。

（『働く人』、日本基督教団社会委員会・伝道委員会、一九九二年一一月一日）

④異邦人

『国際都市の異邦人』。これは今年（一九九二年）七月、神戸学生青年センター出版部が出した本の題である。サブタイトルは「神戸市職員採用国籍差別違憲訴訟の記録」。

この「訴訟」は一九八五年六月、在日朝鮮人が神戸市の職員採用試験の願書を提出したことから始まる。神戸市は、受験資格に「日本国籍を有する者」とあることから願書の受付けを拒んだのである。当時すでに神戸市職員のなかでも技術職等には国籍条項がなかった。しかしいわゆる

「一般行政職」には国籍条項があったのである。兵庫県は解放教育の先進地であり、すでに阪神間のいくつかの都市では国籍条項が一般行政職においても撤廃されており、複数の公務員がいたのである。ところが政令指定都市（××区があるところ）では一般行政職の国籍条項の壁は大きく立ちはだかっていたのだ。

受験を拒否された在日朝鮮人のひとりが裁判を起こすことになり、以後六年間にわたって裁判が続けられたが、この裁判には多くの証人が登場した。特に印象的だったのは、すでに公務員として働いている在日朝鮮人が証人に立ち、淡々と日頃の仕事について語ったところである。それらの証言は、被告である神戸市（実際は国）が、「当然の法理」として外国人を排除していることが如何に根拠のないものであるかを如実に物語っていた。そもそも地方自治体の職員について、国籍条項のある自治体とない自治体があることがおかしいし、政令指定都市がどれ一つとして一般行政職の国籍条項を撤廃していないことからも日本政府の強い姿勢をうかがい知ることができるのである。

昨年（一九九一年）一月の日本と韓国の外相会談により九三年からの在日朝鮮人の指紋押捺の廃止が決められたときに、表面的には教員、公務員への在日朝鮮人の採用を促す内容が盛り込まれていた。しかし、教員に関しては、従来、大阪府などで全く差別なく採用されていたものが、管理職になれないことを前提とする「常勤講師」として採用するように後退した。また一般行政職の公務員に関しても、基本的には門戸を開く方向であるとしながらも「国籍による合理的な差異を踏まえた」採用をするとして、日本政府の従来の排除の方針を韓国政府に認めさせた形となっているのである。

国際人権規約、難民条約を批准して「内外人平等」社会となったはずの日本社会には、まだまだその内実がともなっていないようである。

（『働く人』、日本基督教団社会委員会・伝道委員会、一九九二年一二月一日）

⑤神戸市立外国人墓地

「国際都市」神戸には、一時風見鶏で有名になった北野町や旧外国人居留地などの観光地があるが、六甲山系の一角にある外国人墓地もそのひとつだ。残念ながら現在一般公開はなされていない。

この墓地に朝鮮のキリスト教史に大きな足跡を残したアメリカ人宣教師Ｗ・Ｂ・スクラントンが、葬られているという。このことは韓国のキリスト教史研究のひとつのテーマとなっているとのことだ。神戸市須磨区の青丘文庫で日韓キリスト教史研究会（韓キ研）が一九八九年に発足し（代表・韓晳曦、事務局長・蔵田雅彦）、毎月一回の研究会を開いているが、日本留学中にメンバーとして活躍していた徐正敏さんが、是非スクラントンの墓を発見したいといっていたのである。徐さんはわれわれ研究会の仲間が翻訳した『民族を愛した韓国キリスト者たち』（日本キリスト教団出版局）の著者でもある。

スクラントンは、同じくアメリカ人宣教師であり医者でもあったアレンが、時の大韓帝国政府に重宝されて地位を得ていったのに比べて、まさに「はだしの医者」として小さな医院を開きながら民衆の中で活躍していたのである。徐さんの留学中に発見できなかったが、今年二月、私が外国人墓地を訪れてそこの管理事務所の方にいろいろ尋ねると、分厚い埋葬者リストを見せて下さった。アルファベット順に整理されたもので、さっそくスクラントンの名前を探した。何人かのスクラントンがいたが、W・B・スクラントンは一人しかいなかった。いくつかに分れている区画のうちのB一区の一〇番である。親切に案内までして下さったが、この区画は墓地の中でもかなり古いもので、参拝者は自分の知る限りでは私が初めてだとのことだった。よく整備されており簡素な石の十字架とウィリアム・ベントン・スクラントンと刻まれた墓碑があった。一八五七年に生まれ一九二二年に亡くなられている。

後日、再び来日した徐さんを案内して外国人墓地を訪れた。徐さんは韓国の研究者として初めてこの墓地を訪ねたことにたいへん感激していた。記念写真をとってから、皆であたりの墓碑を見ていたが、同行の後藤聡牧師がL・L・ヤングの墓碑をみつけた。ヤングは、カナダの宣教師で在日大韓基督教会の発展に大きく貢献された方である。

スクラントンが朝鮮を離れた理由、日本に来てからの活動については現在のところよくわかっておらず、今後の研究課題としてわれわれに残されている。

（『働く人』、日本基督教団社会委員会・伝道委員会、一九九三年一月一日）

⑥「金○、金×」

昨年（一九九二年）十二月十四日、神戸地裁でひとつの判決があった。指紋押捺拒否を理由に逮捕され、尼崎北警察署で前代未聞の強制具によって指紋をとられた金成日《キムソンイル》さんが国を相手として訴えていた裁判の判決だ。

金さんは八五年三月に指紋押捺を拒否し、翌八六年の十一月五日に逮捕された。彼は警察からの呼び出しにたいして、内容証明郵便で指紋押捺拒否の事実を認め自分の働く喫茶店での取り調べに応じると返答していたのである。

金成日さんの強制具による指紋採取は、翌日の朝日新聞で全国的に報道されたが、それをスクープしたのが当時朝日新聞阪神支局の小尻記者である。翌八七年五月三日、何者かによる朝日新聞阪神支局襲撃事件で彼は凶弾に倒れてしまった。彼は人権感覚の優れた、本当に親しみのもてるいい記者だった。襲撃事件によってあらためて金成日さんのことが取り上げられたりしたが、この襲撃事件はいまだに手がかりのないままである。

さて今年一月八日より外国人登録法の指紋押捺義務が、永住権をもつ在日外国人について廃止されることになった。民衆の運動によって日本の「悪法」が改められるということはこの運動が初めてではなかったかと思う。永住者以外の在日外国人には指紋押捺制度を残したこと、指紋にかわる家族登録が住民登録より戸籍に近い面があることなど問題点を残しているが、在日朝鮮人を中心とした広域な運動が法改正を迫ったといえるだろう。

金成日さんの国を相手に訴えた裁判は、金さんの全面敗北であった。呼出に応じなかった金さんを逮捕したことは不当なことでなく、強制具による指紋採取も問題はなかったというのである。外国人登録法の指紋押捺が永住者について廃止されたということは、金成日さんの押捺拒否はもはや「犯罪」ではないということだ。いまや犯罪ではない「拒否罪」で、内容証明まで出したにもかかわらず逮捕し、おまけに強制具までもちいて指紋採取をおこなったことがなぜ正しいことになるのか？　金さんはすでに控訴し、この国賠訴訟は大阪高裁で争われることになる。

昨今の金丸信が上申書を出して逮捕を免れたこととの落差はあまりにも大きい。ちなみに金丸の罰金は二〇万円、金さんのそれは三万円である。表題の「金○、金×」はそのことにいらだって作ってみたコピーである。やはりいろいろ間違っていることが多いこの日本社会である。

（『働く人』、日本基督教団社会委員会・伝道委員会、一九九三年二月一日）

⑦外国人労働者と教会

実践神学の会で私が発表するのは、おもはゆい感じもしたが、外国人労働者問題をテーマとする研究会でもあり、ある裁判の原告をしていることからその発表をさせていただいた。

原告は、矯風会兵庫支部の竹本睦子、ＰＨＤ協会の草地賢一、神戸ＹＷＣＡの寺内真子、日本キリスト教団兵庫教区牧師の藤原一二三、それに私の五名で、いずれも神戸のキリスト教関係の団体を中心に構成されている神戸ＮＧＯ協議会のメンバーである。被告は日本政府である。発表では、少し裁判としては複雑な事件の経験などもお話ししたが、ここでは、私たち原告の思いをのべた、第一回公判（一九九二年六月三日）での意見陳述を紹介することで報告に替えさせていただきたい。（以下、第一回公判での意見陳述）

この裁判は、留学生として日本語を勉強していたゴドウィンさんが病気で倒れたことが契機となっています。ゴドウィンさんは、二年前の一九九〇年二月、神戸市内で突然くも膜下出血で倒れ、海星病院をへて神戸大学付属病院に入院し、手術を受けました。幸い命をとりとめましたが、くも膜下出血は一歩まちがえば命を失う病気であることはよく知られています。神戸市の灘福祉事務所は、支払い能力のないゴドウィンさんに生活保護を適用し、約一六〇万円の治療費はそれによって支払われたのです。その後、この生活保護費のうちの国が自ら負担すべき約一二〇万円の支払いを拒否したため、このような裁判が始められたのです。

特に申し上げたいことは、神戸市の生活保護の適用が、特別なもの、特例的なものではなかったということです。一九五四年（昭和二九）の通達を普通に読めば、ゴドウィンさんのような場合には、生活保護が適用されるように書かれています。現在も有効なこの通達に従って、神戸市は、特例としてではなく普通に、ゴドウィンさんに生活保護を適用したということです。私たちは、この神戸市のゴドウィンさんへの生活保護の適用が正しい措置であると考えています。

生活保護は憲法二五条の「すべて国民は、健康で文化的な最低限度の生活を営む権利を有する」

に基づくものだと聞いていますが、もし、ゴドウィンさんへの生活保護の適用が誤りだというのであれば、生存権が日本人だけのものであって、外国人には「最低限度の生活を営む権利」がないというのでしょうか。また、外国人が憲法に書いてある「国民」ではないからだというのも理解できません。なぜなら、おなじく憲法三〇条にある納税義務のある国民に外国人が含まれているという点だけを考えても、生存権が外国人にはないというのは論理矛盾であると思われます。このような考えは、法律をしらない素人のまちがった考えなのでしょうか。

ゴドウィンさんは幸いにして一命をとりとめましたが、「第二のゴドウィンさん」が現れたときに、その第二のゴドウィンさんが、決して生活保護の適用がないことから充分な治療を受ける機会を奪われたり、その結果として重大な事態に陥るというようなことがあってはなりません。この裁判で、もし、私たちの主張が認められないようなことがあれば、それは第二のゴドウィンさんがそのような事態に陥ることにもなると思います。

生存権というのは人間が人間としての生きていくための最も基本的な権利ですが、その生存権が外国人にないということは、ある場合には「死」をも意味します。当時、くも膜下出血でたおれたゴドウィンさんは、治療費が払えないからということで放置されればよかったのでしょうか。また各地の福祉事務所が、そのようなケースに「最後の手段」としての生活保護を適用できないときは、どのように対応するのでしょうか。あるいはできるのでしょうか。緊急医療を必要とする人にたいして、その国籍を問うたり在留資格を問うたりして、その結果如何によって治療するかどうかを判断することになるのでしょうか。そんなことは実際にはできることではありません、してはなりません。そのようなことが実際に行なわれたら、病院を「たらいまわし」されるような事態も生じかねません。今回のゴドウィンさんの件に関する厚生省の措置はこのできないこと、してはならないことをしているにことに他なりません。

国籍をこえて人権が保障される社会が理想的な社会であることは疑う余地がありません。日本は一九七九年に国際人権規約を批准し、一九八一年には難民条約を批准しました。そしてそこに書かれている内外人平等の原則が日本社会に貫かれているはずです。ゴドウィンさんの生活保護適用にたいしてそれにストップをかけることはこれらの流れに逆流するものであると思います。国際化が叫ばれている今日ですが、ゴドウィンさんのケースは、そのような意味で日本社会の国際化の度合いを調べるリトマス試験紙でもあろうと思います。

（『実践神学の会』七号、関西学院大学実践神学研究会、一九九四年三月三一日）

⑧地震が生んだ国際交流

地震（一九九五年一月一七日、阪神淡路大震災）後、一週間ほどして韓国から国際電話が入った。

ある学院の留学生で、下宿が全壊し韓国に帰ったが、大学院の手続きのためにまた神戸に行かなくてはいけない、神戸市西区の学園都市にある留学生会館に入れるように取り計らってくれないかという電話である。私には面識のない人で、神戸学生青年センターのことを友人に紹介されて電話したとのことだった。

当時、電話がまだ不自由で、留学生会館の入居もすぐには実現しそうにない。とりあえず学生センターまでたどり着けばなんとかする旨を伝えて電話を切った。この電話をきっかけに、私の勤める学生センターは、被災留学生の支援活動に専念することにした。

そして、①ホームステイ先を募集し留学生に斡旋する、②広く募金を集めて自宅が全壊・半壊した留学生に三万円づつ支給する、③KDDの提供を受けて無料国際電話を提供する、④当面の住居を提供する等の活動を始めた。ホームステイには一四〇件ほどの申し出があったが、距離が遠かったこと、留学生が短期のホームステイより長期の下宿を探していたこと等のために、うまく行き先が決まったのは一五件だけだった。

何人の留学生の家が全壊・半壊したのかも分からずに、おっかなびっくりでスタートした一時金の支払いは、予想以上の反響をよんだ。留学生に文部省から一〇万円が支給されるという話もあったが、センターに出入りする留学生に聞いてみると、アルバイト生活をしている留学生は、当面の生活費にも困っているとのことだった。

当初は漠然と五〇〇万円ほど募金が集まればなんとかなるだろうと考えていたが、予想は大きくはずれた。最初は、募金が支給額に追いつかず、立て替える状況が続いたが、二週間目くらいから募金額が増えてきた。それに力を得て、スタートの時点では留学生に限っていた支給を、二月一四日からは日本語学校等に通う就学生にも拡大した。三月末まで支給したが、最終的に二三カ国、七六七名の留学生・就学生に二三〇一万を支給した。今回の震災ではボランティアの活動が特に注目されているが、被災した留学生・就学生を助けようというボランティアも沢山いたのである。

またセンターには、四月下旬まで平均一四名、延べ一二八〇名の留学生・就学生が泊まった。彼らは、センターを拠点に活動をしていたボランティア団体（アマチュア無線、「障害者」介護グループ）とも交流をし、中国人はぎょうざパーティを、韓国人はキムチチゲ（鍋）パーティを時々開いてくれて、私も御馳走になった。地震が縁で生まれた国際交流である。

留学生・就学生支援活動が一段落し、支給した一時金および彼らの宿泊代も募金で充当できることになってホッとしていたころに、日本ＤＥＣというコンピュータ会社から一〇〇〇万円の寄付をいただいた。外資系の企業で被災した外国人のために支給活動をしている団体に募金するとのことだ。この募金を原資として学生センターでは、九六年四月より留学生のための奨学金を発足させるべく準備中である。

「この世の中、捨てたもんじゃないなア」というのが、今回の被災留学生の支援活動の感想である。そして、センターで連日全国の仲間へのＦＡＸ送信等をしてくれたボランティア、全国から募金を寄せて下さった方々に感謝、感謝である。

（『神戸教会々報』特別号、日本基督教団神戸教会、一九九五年七月一六日）

⑨阪神大震災――外国人との共生

昨年（一九九五年）一月一七日午前五時四六分、兵庫県南部地方を襲った地震は、六〇〇〇名を超える犠牲者を出しました。私の住む神戸市灘区は、その中でも激震地帯で、実に住民の一〇〇人に一人が亡くなるという未曽有の災害でした。

地震の被害にあったのは日本人だけではありません。その地域に暮らすすべての人を襲った地震は、そこに住む外国人にも大きな被害を与えました。在日朝鮮人が多く住み、ケミカル・シューズ工業が盛んな神戸市長田区において大規模な火災が発生したことは、当時のテレビ報道などで私の記憶に鮮明に残っています。ケミカル・シューズを作るために用いられていた揮発性の接着剤などが、火災の被害を大きくしたと考えられます。

同時に、消火しようにも水が出なかったことに象徴されるように、大規模な開発を推し進める一方で、市民の安全をないがしろにしてきた神戸市の行政責任が問われなければならないと私は考えています。

阪神大震災での外国人の死亡者は、一七一名と言われています。その他多くの外国人が負傷し、住む家、職場を失っています。地震による犠牲者が、等しく補償されなければならないことは、いうまでもありませんが、被害を受けた人に、国籍による差別があってはなりません。また外国人のなかで例えば、観光ビザか永住ビザかと在留資格が異なることを理由に、差別があってはなりません。また、なんらかの事情でビザが切れていて、オーバーステイ（超過滞在）となっている外国人に対しても、地震の被害者として等しく補償などがされなければなりません。日本は、国連の場で定められた国際人権規約や難民条約を批准しており、その精神は日本国内に及んでいます。この二つに共通する大切な原則が「内外人平等」の原則です。内とは内国人、すなわち日本人で、外とは外国人です。その内外人が、平等であるという原則です。しかし残念ながら、阪神大震災ののちに外国人被災者に対する救援活動の中で、この内外人平等原則に合致しないことが起こりました。

キリスト教団体も加わって、阪神大震災地元NGO救援連絡会議が地震後の早い時期に組織され、その中に外国人救援ネットという分科会が作られました。その外国人救援ネットが、被災者は等しく救済されなければならないというあたりまえのことを主張して活動を行いました。このあたりまえのことが実現されていなかったからです。

日本赤十字社が窓口になっていた義捐金については、当初問題があったもののオーバーステイの外国人に対しても支給されるようになりました。外国人救援ネットなどのNGOが、日赤と何度も交渉した結果によるものです。

外国人救援ネットが主に取り組んでいる大きな問題は、①高額の治療費を払えない外国人、②弔慰金が支払われない外国人がいるという問題です。この原稿を書いているのが一九九五年八月ですが、この問題をめぐって兵庫県、神戸市などの行政機関と交渉を続けている最中です。みなさんがこのパンフレットを読まれる時には、すでに解決されていることを望んでいます。

地震の中で長時間ガレキにとじ込められると、クラッシュ（挫滅）症候群となります。血液が循環しなくなり、その後に筋肉が毒素を出しはじめ、腎臓の働きを害するのです。治療方法としては人工透析しかありませんが、それには高額の治療費がかかります。地震直後には被災地で災害救助法による無料診療が行われましたが、正式の入院後にはそれはダメだというのです。健康保険に加入している場合は、一割あるいは三割の本人負担分も、特例措置により無料になりました。しかし、保険に加入していない短期滞在の外国人、あるいはオーバーステイの外国人には、特例措置がまったくありません。六甲アイランドの病院から船で大阪方面に移送されたペルー人親子の場合、あわせて五〇〇万円の治療費がかかりましたが、本人たちにそれを支払う能力はありませんでした。

弔慰金については、その法律に書いてある「住民の遺族に支払う」という条項を理由にして、住民でない短期滞在やオーバーステイの外国人には支払わないというのです。中国人、韓国人、ペルー人の三名について弔慰金が支払われない状況が続いています。

日本社会が開かれた内外人平等の社会であるかどうかが、阪神大震災の時にも試されることになりました。私たちが隣人と平等に暮らす、この当然のことが実現されなければなりません。共に生きる＝共生の思想が、真の隣人との関係をつくるものと言えるでしょう。

（『教師の友』付録、日本基督教団出版局、一九九六年一月）

⑩震災五年目の神戸—そしてなぜか「神戸空港」

阪神淡路大震災（一九九五年）から五年がたった。この五年というのは被災地でも大きな節目と見られており、さまざまな「検証」の取り組みもピークを迎えている。これはまた被災地外から被災地への関心は「五周年」をもって終わってしまうのではないかという危惧の現れでもある。

私の職場である神戸学生青年センターは、激震地の神戸市灘区にあっても壁や配管に亀裂が入る程度の「一部損壊」であった。当然、会議室等の修復は終わっているが、倉庫の亀裂はそのまま今も残している。当時の全体的な地震被害に比べれば微々たるものだが、それでも震災を知らない来訪者はそれをみて自然エネルギーの大きさに驚いている。数秒の揺れでコンクリーの壁に亀裂が入ったのだから、確かに驚きに値することではあろうが……。

当時建物が「一部損壊」ですんだセンターは、主に被災留学生・就学生の避難所として用いられた。家を失った留学生らを数日宿泊させて順次下宿提供を申し出たボランティア家庭に送りだすという方針を立てたが、その通りにはならなかった。大学に近い家で受け入れることができる家は極端に少なく、また交通が途絶していた状況のもとでは平常時では問題にならない尼崎市でも不便な場所だったのである。センターには大阪、京都から多くの受け入れの申し出を受けたがほとんど実現しなかった。

自宅が「全壊・半壊」した留学生・就学生に三万円の「生活一時金」を支給する事業も、全国からの募金に支えられて七六七人（二三〇一万円）にお渡しすることができた。改めてお礼を申し上げたい。その募金残金を基金としてアジアからの留学生・就学生5名に奨学金を支給する「六甲奨学基金」も発足して今にいたっている。

また震災時、高額の治療費を支払えないオーバーステイの外国人、死亡弔慰金を受け取れない短期滞在・オーバーステイの外国人の問題に新しいNGOネットワークの外国人救援ネットが取り組んだ。治療費問題は行政に打開策を取らせることができたが、弔慰金問題は厚生省の「有権解釈」に縛られた神戸市が最後まで支給をしなかった。やむなくNGOサイドで民間弔慰金をお渡ししたということもある。

外国人救援ネットは、震災の翌九六年四月に恒常的な組織として再スタートして現在にいたっている。常設のホットライン窓口には日常的な結婚離婚にともなう在留資格問題、ときには日本人夫の暴力から逃れて来る外国人、あるいは不況下での解雇、それにともなう在留資格・未払賃金の問題などが持ち込まれている。震災に関連する相談は減ったが、別件で相談に来たブラジル人は全壊半壊の被災者に支給される自立支援金（七五～二五〇万円）のことを知らなかったというケースもある。救援ネットとしてはその申請のための作業をお手伝いし同時に多言語による広報を行政に要望しそれは実現しつつある。

ネットでも震災時に全国から寄せられた募金を原資として「移住労働者人権裁判基金」を九九

年四月に発足させ、さっそく外国人登録証不携帯を理由に拘束された中国人（福岡）の裁判に支給されている。

一二月三日の関西の新聞は「仮設、年内に解消、兵庫県調査、一八世帯転居へ」と報道している。このような報道にはそれなりの感慨がある。しかし一方で仮設住宅での孤独死が二三三名にもなったという報道に接すると、仮設で苛酷な暮らしを思いうかべるし、また、その仮設さえも「あと××世帯」という報道に、せきたてられるように出ていかざるを得ない状況を考えさせる。

仮設住宅に関しては大きな反省がある。仮設住宅は国が災害救助法にもとづいて設置するものだが、それは一戸あたり二五〇万というお金が決められているだけでどこに建てるのかの規定はない。郊外に仮設住宅が数多く建てられそれがコミュニティー崩壊の原因となったが、「自力でここに仮設住宅を建てるからそのお金をよこせ」という運動こそが必要であったという反省である。

被災地にもっと仮設住宅が建っていれば、いまだに復興しない地元商店街も小さな商店もこの不況化でもう少し良い状況になっていたのでは、といま考えている。

そんななかでも空港計画だけは着々と進められている。震災直後の混乱のなかでも笹山市長は空港建築方針に変わりのないことを表明した。昨年（一九九八年）九月には神戸空港の是非を問う住民投票条例を請求する三五万人の名簿を提出したが、市会は同年一一月に「強行採決」でその条例案を否決した。そして今年（一九九九年）九月一三日には工事着工を行なったのである。

推進派は九〇年の市議会での推進決議を盾にすべての市民が賛成していると強弁し、住民投票などは議会制民主主義を踏みにじるなどと宣伝している。しかし、七二年には市議会で反対決議がなされ市長も議会で反対を表明したのである。もっともその宮崎前市長の引退のときその表明が「一世一代の不覚」と発言したが……。

政令指定都市では超赤字自治体の神戸市が、震災復興事業より採算度外視ともいえる空港建設につき進む姿勢に反対の声がでているのは当然のことだ。「山、海に移す」という開発行政も「株式会社・神戸市」といわれた都市経営も転機を迎えているのである。


五年が過ぎた今でもセンター近くでも多くの空地が見られる。全国的に報道されることは少なくなっているだろうが、市街地の空地、閉店したままの商店は今だに被災地の風景なのである。「震災以前のことが震災後に起こっている」という認識が被災地では一般的だ。どの老人がどこにいると分かっていた地域では老人の救出率は高かったが、そうでない地域では低かった。震災以前の老人の置かれている状況がそのまま反映したのである。外国人も同じだった。

震災前に私はスリランカ人留学生の生活保護裁判の原告となって闘った。それは急病で倒れた外国人を救う最後の手段としてしての生活保護が適用されない、生存権が保障されていない外国人の存在を認めるのか否かという裁判であった。その裁判は最高裁でも破れたが、そのような状況が震災後の外国人治療費問題等となって現れたのである。

そして、震災前の開発一辺倒の神戸市行政が、旧市街地での大きな被害を「幸か不幸か」という神戸市幹部の発言にみられるような震災後の強圧的な都市整備を行なわせている。

被災地にはいまも多くの課題が残されているのである。

（『働く人』、日本基督教団社会委員会・伝道委員会、二〇〇〇年一月一日）

第六章　本を読む

一、李仁夏著『自分を愛するように「生活の座」から、み言に聞く』（日本基督教団出版局、一九九一年）

この本は、在日大韓基督教会川崎教会牧師・李仁夏氏の三冊目の本である。すでに在日朝鮮人を「寄留の民」にたとえて、『寄留の民の叫び』『明日に生きる寄留の民』を出されている。氏は、日本キリスト教協議会の議長もされたが、一九七〇年代から粘り強く闘われている在日朝鮮人の人権闘争のリーダーとして広く知られている。

書名の「自分を愛するように」は、「あなたの隣人を愛せよ」へと続く聖書の言葉である。氏は近年になって前段の「自分を愛するように」をより注目するようになったと言う。それは氏の在日朝鮮人としての体験と結びついており、「私はありのままの朝鮮人であっていいのだ」と自己認識することによって、「キリストによる解放、自由とは、私をありのままに受容する神の愛に目覚めることではないでしょうか」と言っている。

自らの自己認識をふまえない、薄っぺらな「隣人愛」を超えるものがそこにある。「自分を愛するように」が漫然とした自己愛ではなくて、抑圧された朝鮮人からの「自己回復」の意味が込められているのである。

「門の外で」という説教が印象に残った。イエスが「門の外で苦難を受けられた」という聖書の個所をテキストにしたものだが、日本軍に徴用され傷ついた朝鮮人軍属が、戦後補償から除外され、まさに門の外で虐げられていることが語られ、イエスが門の外で異邦人にまで福音を伝えたことによって町の外に追い出され殺されそうになるというのである。

そして「わが神、わが神、どうしてわたしをお見捨てになったのですか」というイエスの十字架上での叫びは「自らの出自を呪う在日同胞の嘆きではないでしょうか」と言う。

「『在日』の戦後補償を求める会」の代表のひとりとしての活動も始めている氏のこの本は、指紋押捺拒否の闘いを現時点で聖書的に振り返っていること、川崎教会での礼拝の中での「交わり」を重視する取り組みなど、興味が尽きない。まさに「『生活の座』からみ言に聞く」書である。

（『教師の友』、日本キリスト教団出版局、一九九二年一月）

二、八幡明彦編著『〈未完〉年表・日本と朝鮮のキリスト教一〇〇年』(神戸学生青年センター出版部、一九九七年)

本書は、一八八三〜一九九二年にわたる日本と朝鮮のキリスト教の歴史をNCCと在日韓国・朝鮮人とのかかわりを中心として編集された年表である。編者による論文「植民地支配と解放‥日本教会と韓国・朝鮮―在日韓国・朝鮮人とのかかわりを中心としたNCC史の検討」が付されている。表題に「未完」とあるが「まえがき」でNCC在日外国人の人権委員会委員長の日隈光男氏が書かれているように「必要かつ充分な資料が入っている」年表である。

NCCとは、日本文化センターのことではない。一般にはなじみのない言葉だろうが、「日本キリスト教協議会」のことで、キリスト教のプロテスタント(新教)の連合会のようなものである。プロテスタントのなかでもNCCに加盟していない教派もあるので完全な連合会ではない。NCCは、National Christian Councilの頭文字をとったものなので、本来は国単位のプロテスタントの協議会という意味だ。だから日本キリスト教協議会のことをNCC－J(Japan)とよぶこともある。

現在のNCCは、戦後に設立されたものであるが、戦前にもあった。ふたつとも同じNCCではあったが、正式名称としては、戦前は「日本基督教聯盟」(一九二三年設立)、戦後は「日本基督教協議会」（一九四八年設立）である。

「戦後五〇年」にあたる一九九五年には、戦前の侵略の歴史を反省の上にたって戦後の五〇年を問うという様々なとりくみがなされたが、NCCにおいても戦前、戦後の歴史を洗いなおす作業が行われた。当時NCCの幹事であった八幡明彦さんは、NCCの資料室に残されているNCCの総会記録、新聞等を材料として年表を作る作業を丹念に行ったのである。

一九一九年の三・一運動のさきがけとなった朝鮮基督教青年会館（東京神田）での「二・八宣言」に見られるように、「韓国併合」がなさられた一九一〇年代から留学生を中心としたキリスト教者のグループが存在していた。日本における朝鮮人の教会も形成され、一九三四年二月には一地方会、四中会によって連合会としての「在日本朝鮮基督教会」が設立されている。

戦前のNCCは、一九二三年一一月に設立総会を開催しているが、在日本朝鮮基督教会がそのNCCに加盟したのは一九三六年一一月である。そのとき、「在日本朝鮮基督教会」は「在日本」の文字がなくなり「朝鮮基督教会」と改称されている。朝鮮教会の独自性（独立性）をなくそうという動きの現れであろうが、植民地となった朝鮮の教会が日本で「在日本」を名のることさえも許されなくなったのであろう。

そのNCC（日本基督教聯盟）も、太平洋戦争の始まった一九四一年には解消されることになる。同年六月に総動員体制のもとでプロテスタントの諸教派が合同させられて設立した「日本基督教団」によってその役割は終わったのである。

戦前、朝鮮のキリスト者に加えられた弾圧としては「神社参拝の強要」がよく知られているが、本年表を見ればそれがいかに周到にかつ地方の朝鮮人教会まで徹底的に行われたかを理解することができる。

敗戦後、戦時下で無理やりひとつにさせられた日本基督教団からいくつかの教派が離脱していき、プロテスタントの諸教派が存在することになる。そして一九四八年にはその諸教派の連合会としての戦後のNCC（日本キリスト教協議会）が発足している。ところがその戦後のNCCが戦前の植民地政策に加担したこと等への反省の上に発足したとは言えない。八幡氏は、所収の論文「植民地支配と解放：日本教会と韓国・朝鮮―在日韓国・朝鮮人とのかかわりを中心としたNCC史の検討―」のなかで、戦前のNCCが関東大震災時の朝鮮人虐殺にたいする朝鮮人キリスト者からの訴え、宣教師の植民地支配政策への告発などを黙殺したこと等を指摘した上で、それらの点について何らの総括も行なっていないことを指摘している。

本書の年表としてのボリュームは、戦前、戦後がほぼ同量である。指紋押捺拒否闘争が激しく闘われる一九八〇年代半ば以降は、最低限の記述に押さえられているが、戦後にNCCが戦前の歴史をどう総括しているか（していないか）、在日韓国・朝鮮人問題への取り組み、日本と韓国の教会の交流等についてよく整理されている。

本年表は以上の概括的な紹介からも理解されるように読み物として読んでも一貫性のある内容

豊かなものである。加えて、以下の点が優れているといえるのではないかと思う。

①「NCCと朝鮮」をまとめた本として初めてのものである。

②できるかぎり原典にあたっており、その出典も明らかにされている。

③既刊の日韓（朝）キリスト教関係史の本の関連項目を出典とともに効果的に引用している。

④戦前の日本各地の朝鮮人教会について丁寧に記録されているので、このテーマでの地域史研究の糸口となる（神戸に関係する記述も多い）。

最後に、個人的にとても気になることを書いておこうと思う。

それは表紙の写真のことだ。この写真は、一九四〇年に「紀元二六〇〇年奉祝銃後奉公祈誓大会」で橿原神社参道を行進する日本基督教聯盟の写真である。左右の軍人の間を聯盟の代表が行進しているのであるが、旗の左側を歩くヒゲの人が誰かということだ。青丘文庫の韓晳曦氏に伺うと風貌からして当時の代表である富田満ではないとのことである。

実は私の祖父（鈴木浩二）は、先に述べた一九四一年の日本基督教団成立後に総務局長に就任しており、教団の成立後に祖父を含めた代表が伊勢神宮に参拝したことはよく知られている。祖父はおそらく一九四〇年当時は神戸教会の牧師を

していて中央の仕事はしていないと思われるが、ひょっとしたら神戸に近い？橿原神宮には行ったのでは、とも考えられる。私の記憶あるいは写真で見る祖父がこの写真の人物に似ているような気もするのである（背がもっと低い？）。あくまで歴史は歴史なのだが、少々ハラハラしながらも、その人物の調査を進めたいと思っているのである。

（『むくげ通信』一六一号、一九九七年三月）

三、佐々木雅子著『ひいらぎの垣根をこえて―ハンセン病療養所の女たち』(明石書店、二〇〇三年)

著者の佐々木雅子さんは、神戸学生青年センターの母体である日本キリスト教団で働いておられた方だ。教団の在日韓国・朝鮮人・日韓連帯特別委員会の仕事もされていた。彼女は二〇〇一年六月、退職前に取材でハンセン病療養所・多摩全生園を初めて訪ねた。それは「ハンセン病国賠訴訟」熊本裁判で政府が控訴を断念して原告勝訴が確定したすぐ後のことだったが、「その時以来、この訪問だけではとても済まないという気持ちが生まれてきた。遅きに失した感があるが、全生園に住む人々のお話をもっと聞きたいと思ったのだ」とあとがきに書かれている。

本書は、全生園で生活している三名の女性の聞き書きである。「裁判で胸のつかえがとれた森清子さん」「スラウェシからの留学生森元恵美子さん」それに「在日コリアン七五年安壬述さん」の三名である。それぞれに、私には想像を絶するような体験が語られている。

書名の柊《ひいらぎ》は全生園のある森を囲む生垣として植えられている。柊は、クリスマスの飾り付けによく利用されている刺のある木だ。以前、私は刺のない柊を見せてもらってびっくりしたことがあるが、柊は老木になると刺がなくなるのだ。老木になると刺が消えるのかと妙に感心したのだが、全生園の柊は、まだ刺があるのだろうと想像したりしているが…。

私は本書で初めて知ったが、ハンセン病の療養所に入るときには「宗教を選ばされる」のである。信教の自由には宗教をもたないこともちろん含まれるが、ここでは葬式のために「選ばされる」が、それは一生療養所を出ることができないことを前提としているのである。「ライ予防法では、退所規程がなくいったん入所したら生涯を療養所で送ることが強制されていた」のである。安壬述さんは一度教会に行ったことがあるということでキリスト教を選んだが後に受洗してクリスチャンになっている。

安さんは、一九二八年、三歳のときに母親に連れられて日本に来た。大阪西淀川で「貧乏生活」をしていたが、父がハンセン病に発病して、岡山の邑久光明園に強制入院させられるとき、父の世話をするために共に入所する。安さん自身は、発病はしていたが強制入院させられる状況ではなかったようだが、父の世話をするため入所を「志願」したという。一九四一年六月二六日のことだった。大阪駅まで電車だとすぐなのに、ハンセン病患者は電車に乗ることができずにリヤカーに乗せてもらい一時間半もかかっていったという。大阪駅からは、窓を閉めきった特別の車両に乗せられて移動した。

邑久光明園には私も一度行ったことがある。兵庫の外国人保護者会主催の長島愛生園訪問プログラムに参加させてもらったときのことだ。愛生園での交流の合間にタクシーでとなりの邑久光明園に旧知の崔南龍さんをたずねたのである。私は崔さんと指紋押捺拒否運動の関係で知りあったが、もっとも崔さんは運動に関係されていたが、ハンセン病患者は指紋を押すこともできない方もおられ、ご自身は押捺義務を免除されていたのである。崔さんは一時体調をくずされていたが、最近『猫を喰らう話』を出版され、その出版記念会を神戸学生青年センターで開いていただいたときに再会することができた。

安壬述さんは、光明園で結婚され出産が許されない状況のもとで妊娠九ヵ月までになったときに、夫の死を契機として、堕胎を余儀なくされた。安さんの夫は、くじに当選してようやく二〇名分しかないという新薬「セファランチン」の投与を受けたが、一年半後になくなった。医者とけんかして途中で薬をやめた二名以外は全員死亡したというが、ほんとに驚くべき事実である。「九ヵ月の子どもを婦長さんが、それでもどうにか手を入れて引っぱりだした。子どもは生きていたよ。手足をバタバタ動かし泣きよった。婦長さんはピンセットやらはさみやら、のせてきた四角い金属製の医療用のお盆に子どもを寝かせて『男の子ですよ』と見せてくれたよ。（略）『もういいでしょう』と言って、わたしの目の前で子どもを裏返しに伏せてしまった」のである。安さんは、国賠訴訟の法廷での証言に躊躇があったことを「二度とこういう時代をつくってはいけない」からと証言したのである。

また、光明園での赤痢の話も衝撃的で、一九四七、八年ごろに流行し、一〇〇〇人ぐらいいた入所者のうち三〇〇名も亡くなったという。その後、安さんは再婚して多摩全生園に移ったがその夫もまた失っている。

安さんは「わたしらは何をしたのか。人を殺したわけでもなく、人のものを盗んだわけでもない。なぜこんなことをせなならん。だれがこういうことをさせたのか、国だよ。一度このように（隔離、偏見）植えつけられたらなかなかなおらへんよ。なおしてほしいけどわたしらはもう（この世には）おれへんね」と語っている。

ハンセン病の事実を知らせ苦難を強いられた患者の生の声を伝える貴重な本が加えられたことに著者の佐々木さんに感謝したいと思う。

（『むくげ通信』一九八号、二〇〇三年五月）

四、ジョン・レイン著・平田典子訳『夏は再びやってくる―戦時下の神戸・元オーストラリア兵捕虜の手記―』（神戸学生青年センター出版部、二〇〇四年）

神戸に抑留された元オーストラリア兵捕虜の手記を出版した。アジア・太平洋戦争の時期に朝鮮人・中国人が強制連行されて日本各地で過酷な労働を強いられたことは最近知られるようになったが、私の住む神戸でも三菱、川崎の軍需工場、あるいは船舶荷役の労働に多くの朝鮮人・中国人が動員された。九九年一〇月に結成された神戸港における戦時下朝鮮人・中国人強制連行を調査する会（代表・安井三吉神戸大学教授）はこのテーマの調査活動を続けてきたが、その過程で連合軍捕虜の問題がクローズアップされてきた。

アジア・太平洋戦争の時期に日本軍の捕虜となった兵士は三五万人で、その一割にあたる約三万五千名が死亡している。連合国本国の兵士は一五万人いたが、日本国内での労働力不足を解消するためにそのうち三万五千名が日本に移送された。神戸にもイギリス、アメリカ、オーストラリア等から約六百名の連合軍捕虜が連れてこられ、製鉄、運送、船舶荷役、製油所等で過酷な労働を強いられた。ジョン・レインさんもそのなかのひとりである。

一九二二年イギリス生まれのレインさんは一〇歳のときにオーストラリアに渡った。一九歳のときにオーストラリア帝国軍第二連隊第四機関銃大隊に入隊しシンガポールに派兵されたが、一九四二年二月「シンガポール陥落」により捕虜となってチャンギー収容所に収容された。翌四三年五月には日本に移送され六月、神戸に到着した。当初収容されたのは神戸市役所南の神戸分所、四五年六月の空襲で焼け出された後には、丸山分所に、そして最後には脇浜分所に移された。

レインさんは、禁じられていた日記を丹念につけて無事それを持ち帰った。また、戦後に手に入れた砂糖やチョコレートをカメラと交換して焼け跡を写しているが、それらも手記におさめられている。

調査する会は一九八七年オーストラリアで出版されたこの本の存在を知り、連絡をとって翻訳の許可を得て今回出版することができた。彼の文章は過酷な生活の中でもユーモアを忘れず、二年三ヶ月の神戸での捕虜生活を淡々と記述し、読むものに平和の大切さを切々と訴えている。八一歳の高齢であったが、私たちの招請に応じて出版記念会のために神戸まで来てくださった。レインさんは、かつての困難な日々を回想しながら実に五九年ぶりに二ヶ所の収容所跡を訪ねた。出版記念会では、戦争の終結があと少し遅れていたら捕虜たちの生命がもっと脅かされており、悲惨にも広島・長崎で犠牲となった方々が私たちの命の救ってくれたと証言した。調査する会としては論文集（明石書店刊）、副読本（自費出版）に続いて三冊目の出版物となる。是非多くの方々に読んでいただきたいと願っている。

（『キリスト新聞』、二〇〇四年三月二二日）

初出一覧

第一章　現場を歩く

一、日本の中のアジア―在日朝鮮人との出会いから　『共助』基督教共助会、二〇〇六年三月
二、むくげの会のことなど　『季刊三千里』一六号、一九七八年一一月
三、東アジアの和解と共生を問う　『たかつきプリム通信』一九号、二〇一四年八月
四、神戸学生青年センターのこと　『抗路』一号、二〇一五年九月

第二章　〝昭和天皇の死〟と朝鮮

一、天皇の死と朝鮮　『むくげ通信』一一二号、一九八九年一月。むくげの会『新コリア百科―歴史・社会・経済・文化』明石書店、二〇〇一年二月に再録
二、天皇の「お言葉」問題、その後　『むくげ通信』一二一号、一九九〇年七月。むくげの会『新コリア百科―歴史・社会・経済・文化』明石書店、二〇〇一年二月に再録
三、昭和の皇民化政策　『季刊青丘』一号、一九八九年八月

第三章　歴史を知る

一、朝鮮人強制連行と「宗教教師勤労動員令」『むくげ通信』一四五号、一九九四年七月

二、L・L・ヤングと在日朝鮮人キリスト者　『むくげ通信』一六九号、一九九八年七月。むくげの会『新コリア百科―歴史・社会・経済・文化』明石書店、二〇〇一年二月に再録
三、YH貿易事件の波紋　『むくげ通信』五六号、一九七九年九月

第四章　韓国を歩く
一、韓国行―日韓UIM交流会に参加して　『むくげ通信』四八号（一九七八年五月）、四九号（七月）、五〇号（九月）、五一号（一一月）
二、韓国を訪ねて―仮面劇・光州　『むくげ通信』八〇号、一九八三年九月
三、日韓NCC-URM協議会に参加して　『むくげ通信』二一三号、二〇〇五年一一月

第五章　現場を綴る
一、神戸の現場から　キリスト教在日韓国朝鮮人問題活動センター『であい』一四号、一九八六年八月
二、共に生きる社会をめざして1
①　共に生きる社会　『キリスト新聞』一九八七年一月二四日
②　「群れ」の消滅　『キリスト新聞』一九八七年三月七日
③　人権としての「指紋」『キリスト新聞』一九八七年四月一八日

④ 小尻記者の人権感覚 『キリスト新聞』一九八七年五月三〇日
⑤ ライフスタイル総点検 『キリスト新聞』一九八七年七月一一日
⑥ 暴力団追放に思う 『キリスト新聞』一九八七年八月二二日
⑦「帰化＝マヨネーズ論」『キリスト新聞』一九八七年一〇月三日
⑧ 足もとの歴史 『キリスト新聞』一九八七年一一月一四日
⑨ 大逆事件、神戸多聞教会 「ゆうさんの自転車／オカリナ・ブログ」http://blog.goo.ne.jp/hidayuichi/ 二〇〇九年一〇月七日

三、共に生きる社会をめざして2

① 外国人には日本で「最低限度の生活」をする権利がない？ キリスト教在日韓国朝鮮人問題活動センター『であい』二六号、一九九二年四月
② 在日外国人への生活保護 日本基督教団『働く人』一九九二年一〇月一日
③ コンポストから 『働く人』一九九二年一一月一日
④ 異邦人 『働く人』一九九二年一二月一日
⑤ 神戸市立外国人墓地 『働く人』一九九三年一月一日
⑥ 金〇、金× 『働く人』一九九三年二月一日
⑦ 外国人労働者と教会 『実践神学の会』七号、一九九四年三月三一日
⑧ 地震が生んだ国際交流 日本基督教団神戸教会『神戸教会々報』特別号、一九九五年七月

一六日

⑨　阪神大震災―外国人との共生　日本基督教団『教師の友』付録、一九九六年一月

⑩　震災五年目の神戸―そしてなぜか「神戸空港」『働く人』二〇〇〇年一月一日

第六章　本を読む

一、李仁夏著『自分を愛するように「生活の座」から、み言に聞く』『教師の友』一九九二年一月

二、八幡明彦編著『〈未完〉年表・日本と朝鮮のキリスト教一〇〇年』『むくげ通信』一六一号、一九九七年三月

三、佐々木雅子著『ひいらぎの垣根をこえて―ハンセン病療養所の女たち』『むくげ通信』一九八号、二〇〇三年五月

四、ジョン・レイン著・平田典子訳『夏は再びやってくる―戦時下の神戸・元オーストラリア兵捕虜の手記―』『キリスト新聞』二〇〇四年三月二二日

あとがき

このあとがきを先に読まれている方もおられるかもしれないが（私はその派です）、私の拙い本におつきあいくださり、ありがとうございます。

『現場を歩く、現場を綴る』という題にしましたが、現場というのは多分にキリスト教的な言葉かもしれません。私の尊敬する呉在植《オジュシク》先生の本に『私の人生のテーマは「現場」―韓国教会の同時代史を生きて』（新教出版社、二〇一四年一〇月）がありますが、それをまねさせていただきました。現場は、市民活動においてはそのものが現場ですが、広い意味で私たちの活動している世界すべてが現場といえるかも知れません。現場の反対側にあるのはなにかと考えると、「沈思黙考」でしょうか？　行動の前にいろいろ思いを巡らすというのは、私には向いていないようです。石橋を渡るときには渡ってから振り返る、あるいはどんな橋だったかすぐ忘れてしまうタイプかも知れません。「下手な考え休むに似たり」も、まあいい言葉ではないかと思ったりしています。阪神淡路大震災のあとは、このような発想が更に強くなったのではないかと思います。私がいうのもなんですが、神様がすべてご存じで道を整えてくださるということでしょうか。

出版にあたり、かなり以前の文章から最近のものまで読み返すことになりましたが、いろんなことを思い出しながらの楽しい作業でした。

このような形で本を出版することができたことを、神戸学生青年センター、むくげの会、NCC－URMはじめ、さまざまな分野の多くの方々、そして私の家族に感謝しています。

かんよう出版社長の松山献さん、同常務の松山健作さんには本当にお世話になりました。雑多な文章をそのままお預けしたものを整理してくださいました。全体的に読みやすくなっているとしたら、それはお二人のおかげです。ありがとうございました。

この本が、読まれたみなさんに何らかのヒントを与えることができたとしたら、本当に嬉しいことです。

「はじめに」で書いたように、まだまとめて出版したいものがあります。それが、私以外の方に役立つものになるのかどうか自信はありませんが、これも事前にあれこれと考えることなく準備にかかろうと思います。できる限り今後ともおつきあいをよろしくお願いします。

二〇一六年四月

飛田雄一

著者紹介

飛田雄一（ひだ・ゆういち）

1950年、神戸生まれ。神戸大学大学院農学研究科修士課程修了。公益財団法人 神戸学生青年センター館長。日本キリスト教団神戸多聞教会会員。他に、NGO神戸外国人救援ネット代表、在日朝鮮人運動史研究会関西部会代表、SCM協力委員会主事、強制動員真相究明ネットワーク共同代表、神戸・南京をむすぶ会事務局長、関西学院大学非常勤講師、むくげの会会員など。趣味は、サイクリング、ハイキング、オカリナなど。著書に『日帝下の朝鮮農民運動』（1991年、未来社）、『朝鮮人・中国人強制連行・強制労働資料集』（金英達と共編、1990年版～94年版、神戸学生青年センター出版部）、『震災の思想―阪神大震災と戦後日本―』（藤原書店、1995年6月、共著）ほか。

現場を歩く、現場を綴る　―日本・コリア・キリスト教―

2016年6月1日　初版第1刷発行　

著　者　飛田雄一

発行者　松山　献

発行所　合同会社 かんよう出版

〒550-0002 大阪市西区江戸堀2-1-1 江戸堀センタービル9階

電話 06-6225-1117 FAX 06-6225-1118　http://kanyoushuppan.com

印刷・製本　有限会社 オフィス泰

ISBN 978-4-906902-66-8 C0016　　Printed in Japan